知识生产的原创基地
BASE FOR ORIGINAL CREATIVE CONTENT

颉腾文化
JIE TENG CULTURE

观朝追梦

打卡北京朝阳文化秘境

北京市朝阳区文学艺术界联合会——编著

中国广播影视出版社

图书在版编目（CIP）数据

观朝追梦：打卡北京朝阳文化秘境 / 北京市朝阳区文学艺术界联合会编著. — 北京：中国广播影视出版社，2022.5（2022.8重印）
ISBN 978-7-5043-8833-9

Ⅰ. ①观… Ⅱ. ①北… Ⅲ. ①城市文化—朝阳区 Ⅳ. ①G127.13

中国版本图书馆CIP数据核字(2022)第071366号

观朝追梦：打卡北京朝阳文化秘境
北京市朝阳区文学艺术界联合会　编著

策　　划　颉腾文化
责任编辑　任逸超
责任校对　张　哲

出版发行　中国广播影视出版社
电　　话　010-86093580　010-86093583
社　　址　北京市西城区真武庙二条 9 号
邮　　编　100045
网　　址　www.crtp.com.cn
电子信箱　crtp8@sina.com

经　　销　全国各地新华书店
印　　刷　三河市中晟雅豪印务有限公司

开　　本　880 毫米 ×1230 毫米　1/32
字　　数　242（千）字
印　　张　11.75
版　　次　2022 年 5 月第 1 版　2022 年 8 月第 2 次印刷

书　　号　ISBN 978-7-5043-8833-9
定　　价　89.00 元

文化朝阳系列丛书顾问及编写委员会

内容简介

这并非一本旅游攻略，而是探索这座城市文化秘境的指南。它能帮助您了解我们每天走过的街道，每天擦肩的古老建筑，流经这里的每一条河流，都是千百年来的匠心打造。

这并非一本历史书，而是一条过去的故事与今天生活的链接。今天的繁华都市、时尚街区、文创天地、人潮涌动都能从过去、从城市最初的模样中找到基因的印证。

打卡北京朝阳的文化密码，从本书穿越时空，勾连起过去与未来：

秦始皇东临碣石，以观沧海的必经之路在这里，

近代北方丝绸之路的起点在这里，

元、明、清三代漕运水系在这里，

奠定朱棣定都北京的郑村坝之战发生在这里，

成就新中国工业史的五大工业基地在这里，

市场经济的开端，改革开放的第一个窗口在这里，

热情友善、担当奉献的“朝阳群众”在这里，

更快、更高、更强、更团结的奥林匹克精神就在这里……

希望这本书能帮助读者重新了解这座城和曾经在这里生活过的人。用眼睛和想象力去拾起那些就在我们身边却被一再忽略的历史碎片，组合成它原本的模样。

序

小的时候，我住在广安门附近。当时的北京城，交通出行基本上靠骑自行车或乘公共汽车，孩子们的活动范围一般都在家庭和学校附近，所以，牛街、白广路、枣林街、宣武体育场是我们常去玩儿的地方。广安门大街西口桥头北边儿是109路无轨电车总站，另一头儿的总站是东大桥。有一回，为过坐公共汽车的瘾，跟同学拿月票从广安门坐到东大桥，下车后不出站，再从东大桥坐回广安门。那是我幼时唯一一次专门去朝阳区。来去匆匆，朝阳区给我留下最深刻的印象就是远。

长大以后，学习、工作和生活都在海淀区，也很少去朝阳区。记得有一次跟朋友去逛刚开业的赛特购物中心，逛了一圈儿，只给侄女买了几块香橡皮。琳琅满目的时尚商品，给我留下最深刻的印象就是贵。

后来因为从事文物工作，我经常往区县跑，即使像房山、门头沟这样的远郊区，因为文物多，自然就去得多，对当地的文物和历史接触得也多，也更熟悉。朝阳区虽然面积很大，因为文物数量少，去的次数就少，对朝阳区历史文化的研究就更少了。平时跟朋友聊天，说起朝阳文化，大家的印象都是像798、CBD

这样的时尚文化。如果说起朝阳的历史文化，有的人甚至反问：“朝阳区有历史文化吗？”

再看近年来出版的介绍北京文物古迹的图书，涉及朝阳区的，大体上也就是像东岳庙、日坛、元大都北土城遗址这样的著名景点。即使是研究北京历史文化的不少专著，就算提到朝阳区，大多也是一笔带过。因此，即使多年从事文物工作，由于跑得少，读得少，研究得更少，所以，一说起朝阳区的历史文化，我总觉得没有底气。

这几年，北京文化中心建设受到了社会各界的高度关注。几位长期在朝阳区从事文化工作的朋友都在深入思考朝阳文化的特点，希望能够探究她的历史渊源。他们从大运河文化带建设入手，目光从区域内的通惠河再到萧太后河和坝河，不断深挖境内这几条河流和历史道路在连接通州城到北京城的重要价值，最终聚焦到“水陆要冲”这一重要结论，进而把今天朝阳何以如此时尚的历史原因搞清楚了。从 2021 年开始，他们走访专家学者，实地踏查访问，不断梳理思路、提炼话题、整理文字，最终拍摄出多达 100 集的《观朝追梦——讲好朝阳故事系列短视频》。这部短视频一经推出，就得到了专家学者的高度认可和各方观众的点赞好评。在此基础上，他们又进一步研究并出版了这本《观朝追梦——打卡北京朝阳文化秘境》。这本书并不是系列短视频的文字版，而是通过“历史篇”“文化篇”和“经济篇”三个部分，在新的高度，以全新的视角，重新对大家耳熟能详的朝阳区一些文物景点和地名进行再梳理、再认识之后，呈现给读者的。

我有幸参加了几位朋友短视频的前期论证和部分走访调研，并先期拜读了书稿。《观朝追梦》系列短视频和这本书让我更新了对朝阳历史和朝阳文化的认识，让我更深切地体会到了朝阳区在北京历史上所发挥的重要作用，进一步看清了今天的时尚朝阳从何而来，明天的朝阳将向何方去，也更深切地感受到她何以能在今天和明天的首都发展当中继续发挥重要作用。我相信，这本书可以成为在朝阳区工作和生活的朋友了解朝阳文化的指南，也完全可以成为北京历史文化研究者打开朝阳文化之门的钥匙。

以上是我对朝阳历史文化的认识过程，也算是我读了这本书的一点儿心得体会吧。

舒小峰

2022 年正月

前言

朝阳区目前所打造和呈现的样貌无须赘言。经过多年的发展，朝阳区已经成为国际交往综合程度最高的重要窗口，拥有北京市最为浓厚的商业氛围、成熟的国际化基础设施和环境基础，形成了现代、国际、时尚的社会标签。

北京是世界著名的历史文化名城，有着数十万年人类居住的历史，三千多年建城史和八百多年建都史。这些深厚的都城（皇城）历史文化底蕴和文物的数量等级等也成为在北京16个区当中，社会公众眼中判断“有历史文化”或“没历史文化”的唯一标准。

然而事实并非如此。

那么，朝阳的文化在哪里？

朝阳区有元大都土城墙遗址、东岳庙、八里桥、神木厂及大运河遗迹，有日坛、班禅塔、十方诸佛宝塔、北顶娘娘庙，此外还有为数众多的明清墓，但上述这些并没有绝对的文化实力。

“漂来的北京城”道出了京城跟大运河的关系。考古证明，从辽代开始分布在朝阳区地面上的三条水系就承担着维持都城运转的漕运任务。这三条水系按照年代排列分别是：萧太后河、坝河和通惠河。三河沿岸有丰富的历史遗迹与人文风情。对北京建都发挥重大作用的坝河，从河道开凿到滚水坝的独特运输方式的创新，都开创性地成为北京城近几百年漕运的典范。

620多年前，坝河边发生了一场改变中国政治中心的重要战役——“郑村坝之战”。当时，朱棣率领的8万人，在这里进行了一场实力悬殊的逆袭，这场胜仗给了朱棣信心，并赢得了内战的最终胜利。

历史出其不意地以一场发生在朝阳的以少胜多的战役，成就了紫禁城600多年的辉煌。

朝阳古时是京城的“经济命脉”，今天更是连接首都和城市副中心的“政经通道”。

今天朝阳的时尚与现代文明并非文化缺失的表现。

自北京建都之日起，朝阳区就是外国使臣进京朝拜的必经之处。东岳庙乃朝鲜使臣换服之所，孙河的孙侯馆、望京馆是当年涉外酒店一样的存在。这与今天朝阳区的使馆林立、国际文化交融的现实一脉相承。外馆斜街是近代丝绸之路的起点，来往于中国和蒙古、俄罗斯等国的外交官员及“走东口”的商人商户都曾云集于此。这成为当代的雅宝路、秀水街乃至CBD等国际商务区出现的完美历史注解。

朝阳区自古就拥有时尚基因。

通惠河“二闸”（庆丰闸）在明清时期是一个独特的存在。漕运经济带动了沿河两岸的发展，酒店、茶馆、戏台林立，是商旅、百姓、文人墨客的打卡之地。文创园区的建设是今天朝阳区一大亮点，并已经形成规模。众多在新中国成立之初作为北京实力和中国实力象征的工业基地就肇基于此，我们更愿意把它们称为现代工业遗产，如今重获新生。

新中国工业文化是朝阳时尚气质的历史支撑。零落的历史故事就像一颗颗断了线的珍珠，等待着焕发出串联之后的光彩。

《观朝追梦》百集系列短视频，给我们提供了一个整理和思考朝阳文化脉络的机会。

本书总顾问舒小峰，历史专业出身，拥有多年北京市文物部门的管理工作经验。他善于用大历史观解读文物价值与城市发展进程的关系，是本书创新观点和思维方式的引领者。

中国水利史专家、《中国水利史典》专家委员会副主任蔡蕃先生，引导我们找到了从城市水系的演变反观都城发展历史的独特视角。

中国文物史专家、文物鉴定专家、北京文物研究所原副所长赵福生先生，教会我们如何从考古发掘和出土文物之上解读人与都城的故事，体验这片热土上生生不息的生命力和烟火气……

于是，在众多历史学者、文物研究专家、城市水系研究学者的帮助下，我们找到了方法。

让朝阳找回文化的力量，需要把历史跟现代进行串联，需要让昨天跟今天实现接轨。

近一年的时间，我们努力梳理出了一条有别于皇城文化的、准确而独特的朝阳文化脉络。从每一种当代朝阳气质入手，向历史寻求印证。

我们相信，这种印证就是朝阳文化的烙印。

我们，才刚刚开始……

本书编委会

2022 年春

目录

第二部分·文化篇

古今朝阳，文化密钥

09 非遗文化

第三部分 • 经济篇

古今朝阳，经济腾飞

第一部分 历史篇

古今朝阳，水陆要冲

我们的脚步就从一座默默无闻的石碑开始。

这座石碑位于朝阳路上北京第二外国语学院北门的正对面，即第二外国语学院站旁边一个普普通通的街边小花园内。每天面对着熙熙攘攘的朝阳路，过街天桥上每天经过最多的就是大学生，各种肤色都有。周围是待开发的一片棚户区。带孩子遛弯路过的年轻父母也会仔细瞧瞧，老人们每天打这里路过时，偶尔也会瞥一眼这座碑亭里的石碑，但是他们只知道这座石碑自打他们小时候就有，而不知道石碑上面除了隐约可见的“御制”二字之外，其他年久风化的文字写的是什么。

这座石碑立于乾隆二十六年，也就是 1761 年，距今 260 多年了。上面记载了历时 4 年重修朝阳门石道的经过和意义。

朝阳门石道是指哪条路呢？

我们在朝阳图书馆找到了这座石碑的拓片。关于这条路，乾隆是这样写的：“西起朝阳门东至永通桥（今天俗称八里桥）与永通桥石道相连。”原来它指的就是今天的朝阳路。

而之所以重金重修朝阳路，拓片上还有这样的描述：“南北百货，或舍舟遵陆，径趋朝阳门。”“朝阳门至通州四十里，为国东门孔道。”同时，对朝阳路的定位，乾隆还写下了这句话：“故常以四十里之道备水陆要冲。”

石碑中提到的“水陆要冲”，换句话说就是“咽喉要道”。所以，接下来就请跟随我的脚步，一起来探寻、触摸这条“水陆要冲”的历史证据和从前那些动人的鲜活故事。

01 陆路门户

据史书记载，秦始皇东巡之路，由咸阳始发，沿太行山东麓经过蓟城（北京城的前身）东转，再沿燕山南麓踏上今天京石和京榆路到达碣石前，有一段必经之路，便是今天朝阳区定福庄前的朝阳路。三国时期，曹操北征乌桓，隋炀帝、唐太宗远征高丽，走的也是这条故道。这条故道，不仅让北京朝阳名扬天下，同时也展开了历史朝阳的文化画卷。

两座石碑记录同一条路

秦始皇东行，
临碣石，开辟孔道
皇父子运粮，
铺石板，树碑立传

700 多年前，元大都齐化门外有一条驿路。路上只有零星几个驿站，路两侧多是野地，非常荒凉。到了明正统[1]年间，齐化门被改名为“朝阳门”。这条土路变成了运粮通道，每天数以千计的粮车从这里经过。到了清雍正[2]年间，这条路已经到了非修不可的地步。它就是今天的北京朝阳路。

距朝阳门石道碑不远，再继续向东，地铁八里桥附近还有一座碑，那是雍正御制朝阳门至通州的石道碑。雍正《御制朝阳门至通州石道碑文》里记载当时的路况：“轮蹄经涉，岁月滋久，地势渐洼。”碑文中还提到雍正出资 343 484 两库银来修路。

1 正统为明朝第六位皇帝明英宗朱祁镇的年号，起止时间为正统元年（1436）至正统十四年（1449）。

2 雍正是清朝第五位皇帝（入关定都北京后的第三位皇帝）清世宗爱新觉罗·胤禛使用的年号，起止时间是雍正元年（1723）至雍正十三年（1735）。

这条道其实远不止用来运输物资。

朝阳路还是一条重要的外交通道。出了朝阳门向东不远，在马路北侧就是北京东岳庙。据朝鲜《朝天录》[3]记载，高丽使臣在通州下船之后，要走陆路到这里换上正式的礼服，再通过朝阳门进入京师面圣。

朝阳路也是一条国际文化交流通道，杰出的意大利传教士利玛窦就是从朝阳路进入北京城的。1582 年到 1610 年之间，他先后两次来到北京进行传教，并把几何学带到了中国。从那之后，作为中西文化交流的使者，利玛窦再也没有离开过中国。

其实，朝阳路最早在秦朝就已出现。当年，秦始皇从咸阳出发，路过蓟城[4]东转到达碣石[5]，走的就是如今的京石和京榆路。

3　柳梦寅(1559—1623)是朝鲜中期的著名文人，在散文和诗歌创作方面负有盛名，又是曾担任要职的官员，三次作为使臣出访明朝，堪称 16 世纪末 17 世纪初朝鲜对明外交中的重要人物。他 1609 年访问中国时创作的纪行诗集《朝天录》得诗 200 余首。在这些诗歌中，柳梦寅把中国塑造成一个几近完美的理想国，表现出极为正面的对明朝的认识，这在同时代的朝鲜人中具有一定代表性。

4　春秋时几十个国家兼并成七个大国，史称战国，是时自公元前 475 年起至秦统一中国，即公元前 221 年止。北京地区是七雄之一的燕国所在地。燕国以蓟城为都。

5　碣石，位于辽宁省葫芦岛市绥中县城西 56 公里、山海关东 15 公里的止锚湾海滨。1982 年，在正对碣石的岸边发现了总面积超过 15 万平方米的巨型秦汉宫殿建筑遗址，经考证，这就是秦始皇三十二年东巡的碣石宫。

秘境打卡

这座石碑位于朝阳路上北京第二外国语学院北门的正对面。读一读石碑上的铭文，看看能找出哪些有价值的信息。

重修朝阳门石道碑

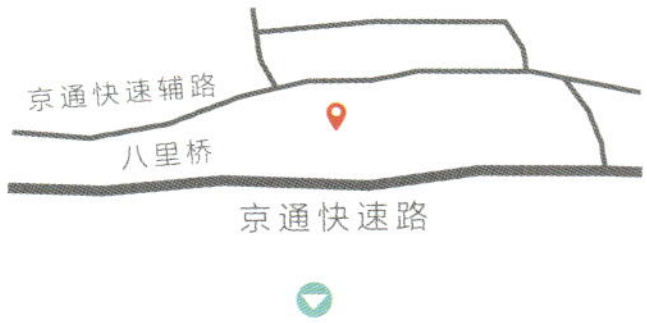

朝阳门至通州石道碑

姚雪松老师带您解锁京城密码

不拼古建，不比文物，大朝阳自古至今的文化底气从这条“阳光”大道款款而来！

我的打卡

京城三大古桥之八里桥

古桥映月，
运河千帆争渡
通惠北京，
八里水运朝阳

北京有三大古桥：一座是大家熟知的卢沟桥，还有一座是位于昌平的朝宗桥，第三座就是位于北京市朝阳区和通州区之交，将近600岁的八里桥！

八里桥学名永通桥，建于1446年，是以前连接京城和通州[6]的重要桥梁。它也是通惠河上唯一一座大型石拱桥，因为距通州城有八里地，所以老百姓就把它叫作八里桥。

八里桥中间的桥拱明显高出两侧桥拱很多，达到8.5米以上，远远超过寻常桥拱。

这是因为八里桥地处京城漕运的咽喉要道，来往最多的就是运粮船，桥拱如此设计，使船只在穿过八里桥时能够直接通过。

6 金天德三年（1151），海陵王完颜亮始设通州，取“漕运通济”之意，潞县为通州治所。

于是该桥自古就有“八里桥、不落桅”的美誉。

朝阳区是运河文化带的重要节点，通惠河、亮马河、坝河、萧太后河等多条大运河的支流水系穿区而过。朝阳区利用数字技术记录八里桥文物风貌保护数据，对沿岸文化遗存进行全面展示，讲好大通闸到永通桥间44处历史遗存背后的故事，呈现“京通石道”“长桥映月”等25处重要地标、园区等文化元素。

秘境打卡

中秋之夜还能来打卡“长桥映月”的美景，看看这座拥有600多年历史的三孔桥洞能否各映出一轮圆月。

八里桥

姚雪松老师带您解锁京城密码

真相！600 多年的八里桥桥拱建得这么高，原因竟然是……

我的打卡

惨烈的八里桥之战

朝阳古桥，
漕运通州八里
京都要塞，
历经腥风血雨

160多年前的第二次鸦片战争期间，一场惊心动魄的京师保卫战（1860年9月21日）打响。清朝当时著名的军事将领僧格林沁亲自率领蒙古骑兵万人、步兵两万人在八里桥阻击仅有八千人的英法联军。战斗从当天的早上7点打到12点，清军挥舞着弓箭马刀，向拥有后装步枪及后装线膛炮的英法联军发起了猛攻。僧格林沁的蒙古马队数次冲锋，伤亡惨烈，以失败告终。

虽然清军将士表现英勇，但终因战法、装备严重落后而惨败，这就是著名的八里桥之战。《伦敦公报》记载的数据显示，此役英军仅伤亡31人，法军仅伤亡20人，虽然当时清军伤亡人数并没有准确的统计，但是根据史料的估算，大约四五千人阵亡，受伤者近万人。

法军军官吉拉尔在他的《法兰西和中国》一书中，对清军的英勇作战做出了这样的描述：“光荣应该属于这些好斗之士，确实应该属于他们，没有害怕，也不出怨言，他们甘愿为了大家的安全而慷慨地洒下自己的鲜血。这种牺牲精神在所有的民族那里都被看作是伟大、尊贵和杰出的。”这是今天我们在这座古老的八里桥上仍然能够触摸与感受得到的。

经历战争洗礼的八里桥满身伤痕，在当年的那场血战中，八里桥的石栏板被炸得粉碎，很多石狮子也被炸毁，虽然经过多次的修复，但是依然可以看到枪炮给它留下的伤疤。现在的八里桥已经被列为全国重点文物保护单位和世界文化遗产的一部分。

2018 年年底，这座将近 600 岁的八里桥全面禁止车辆通行，开始修缮保护工作，雍正当年铺就的石板路会重新出现在桥面。作为大运河漕运历史的杰作，八里桥也将跟我们一起迎接每天的朝阳。

秘境打卡

著名的通州八景之一“长桥映月”就位于此处，“入夜霜清一轮坠，凌寒征铎去萧萧”便是此景最生动的写照。运河文化带上近 600 岁的古桥在 2021 年完成大修，到八里桥上找一找当年留下的弹孔，看一看修复了哪些地方。

八里桥

姚雪松老师带您解锁京城密码

震惊！三万人竟然没有打过八千人，背后的原因竟是……

我的打卡

清代 CBD——朝阳门外关厢

朝阳 GDP 自古遗传基因
清朝 CBD 早就划在这里

关，顾名思义是城关的意思。那么厢，指的是城门外沿路扩张而形成的新城区。关厢一带的人员、物流和商业都比较集中。

老北京流传着这样一句话：朝阳门外关厢铺开幸福大道。为什么叫幸福大道？这是因为自古以来朝阳门就是漕粮之门。元、明、清时期每天都会有上千辆粮车经过。不仅如此，入朝觐见的官员、客商都得打此进城。

朝阳门又称国之东门，一路向东到通州直抵大运河。雍正七年（1729）八月，清廷拨 343 484 两白银，为这条土路铺上了石板。环境的提升吸引各行各业的商人争相在朝外开店设铺。清真油盐店、永兴斋饽饽铺、聚祥益布铺、葡萄园茶馆等，这些知名的老字号大都聚集在这里。这里店铺众多，朝外关厢以东还有关东店的名号，这个地名一直沿用到今天。

早在清代，这里就是京城的 CBD，幸福大道之名那时就被老百姓叫开了。

秘境打卡 亲自到幸福大道上找一找还有哪些现存的老字号。

朝外大街的新老对比（秦鹏供图）

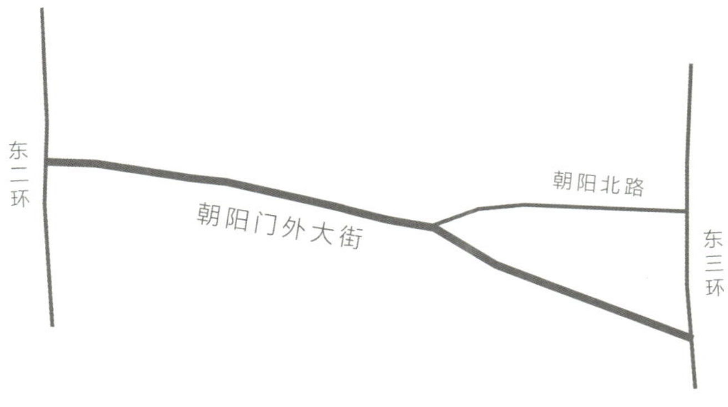

朝外大街

姚雪松老师带您解锁京城密码

冷知识！历数四九城 16 个关厢，它才是“永远的神”！！

我的打卡

东大桥的桥去哪儿了

昔日古桥，
如今焦点地带
朝阳要冲，
未来更加气派

老北京城有九座内城门，每座城门都由箭楼、瓮城、城楼、闸楼、角楼、水门、城门、敌台、雉堞、护城河、吊桥共同组成。

明清时期，为了运粮车进出方便，在朝阳门外护城河建有一座石桥，叫西大桥。当然西大桥是针对朝外地区而言的，要是针对北京城来说，它就一点儿都不西了；同时在朝外三里地左右，有一条横断运粮要道的小河，在河上也修了一座汉白玉石桥，就叫东大桥。

东大桥不但有桥，而且相当热闹繁华。在现代画家王大观先生的《旧京环顾图》中，就能看到旧时北京的东大桥。桥上有运粮车队，沿街有商铺、酒馆、大车店。

还有一个证据。据资料记载，东大桥在明正统十一年（1446）重新修建过。它是一座五孔石桥，桥身不算很高，桥面铺有石板。桥上的石栏是汉白玉的，做工十分精巧。

新中国成立之初，东大桥的实体仍然存在，只是周边已经成了一片荒地，桥下是又黑又臭的二道沟。1958年，北京工人体育场开始兴建，500多岁的东大桥变成地名保留了下来。

20世纪80年代，东大桥的三角形街心岛被规划发布。大片的住宅区，国安、蓝岛、朝阳医院、金融大厦、昆泰大厦和多个商业中心，一股脑儿地汇集在了东大桥，形成了朝外大街、东大桥南路、工体东路、朝阳北路、朝阳路五条大道交汇东大桥的热闹场面，让东大桥再一次成为北京不可替代的交通枢纽节点。

如今的东大桥交通便利、商业气息浓厚，属于北京CBD的一部分，很是繁华热闹。如今，500多岁的东大桥成了地名，供来来往往的人们去念想、去回忆。

秘境打卡 根据文中所述内容，找到东大桥“桥”的大概位置。

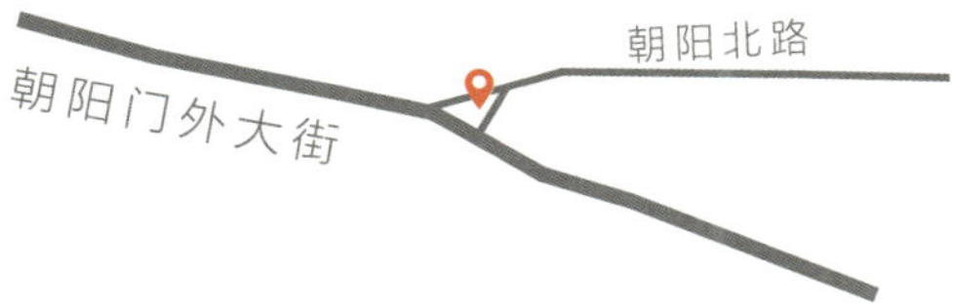

东大桥广场（李学峰供图）

《旧京环顾图》中的东大桥

姚雪松老师带您解锁京城密码

昔日古桥，如今焦点地带。朝阳要冲，未来更加气派。

我的打卡

朝阳门汇聚天下粮仓

京师硬盘，
存储生命希望
朝阳古门，
孕育天下粮仓

俗话说：“仓里有粮，心里不慌。”如果把运河比作是传输数据的宽带，朝阳区就是数据进入的端口，北京城的粮仓就是存储数据的硬盘。

明清时期的粮仓大都集中在朝阳门附近。朝阳门外的太平仓和万安仓，朝阳门内的禄米仓、旧太仓、南新仓、富新仓和兴平仓，北面的北新仓和海运仓，德胜门外的本裕仓和丰益仓，以及东便门外的裕丰仓和储济仓，统称“京师十三粮仓”。

南新仓就是其中的典型代表。这座距今已经有六百多年的粮仓，是在元代北太仓的基础上建造的，明清时期属于“国家粮仓”，是我国目前仅有的规模最大、保存最完好的皇家粮仓，它还是京都史、漕运史和仓储史的历史见证者。

南新仓的特点就是存储空间大，如果按照粮仓储粮 100 万石[7]来计算的话，南新仓可以存储近 1.2 亿斤的粮食，相当于 6 000 个 10 吨容量的集装箱。

除南新仓之外，朝阳区香河园地区的千斯仓则是元代最大的“粮食硬盘”。坝河每年将元大都近四分之一的粮食，通过光熙门运进千斯仓。

除此之外，朝阳区的洼里乡还有个仓营村，据说这个地方是八旗屯粮的地方。清初的时候，小清河河水充沛，漕运船只可以通行，漕运的粮食在这里卸船入仓。当时有满洲正蓝旗、正白旗清兵守护，所以叫仓库营，1982 年以后改成了仓营村。

北京城能正常运转，朝阳门周边的粮仓功不可没，难怪老北京民间有这样一句老话“关了朝阳门，饿死北京城”。

7　石，读音 dàn，古代计算重量的单位，一百二十斤为一石。

秘境打卡

尽管古老的漕运已消失了百余年，但至今在北京东部地区仍保留着数十个与漕运有关的老地名，请试着找出来。

南新仓遗址（张海渤供图）

姚雪松老师带您解锁京城密码

京师“硬盘”，存储生命希望。朝阳古门，孕育“天下粮仓”。

我的打卡

北京朝阳站的前世今生

京哈新高铁，
朝阳始发站
星火变朝阳，
接替新重任

北京朝阳站位于东四环和东五环之间，于2021年的1月正式投入使用。北京朝阳站既是北京最新开通的一批车站，又是一个富有年代感和历史感的车站。

50多年前，这里曾经是一个货运站点，因当时车站所在地是星火人民公社，故名叫星火站。星火站自1966年投入使用，连接东北郊粮库、棉花储备库、粮油仓库、热电厂。最繁忙的时候，每天有30多趟列车拉着全国各地的土特产、木材、粮油、煤炭、钢材从星火站运进运出。后来，黑土地的粮食，大兴安岭的木材，内蒙古、山西的煤炭等物资，也在这里进行转运调度。星火站是铁路京哈线和京包线的一个重要的工业、农业物资站点，担负起了新中国建设的物资运输重任。

早在清光绪七年（1881），这条连通北京至东北地区的铁路就已动工建设了。作为京哈线一部分的京沈线，清光绪八年（1882）唐胥段开通，并于1901年延至北京正阳门，后来北端延至沈阳，成为我国最早的关内外铁路。京哈铁路中的京山段更是我国自主修建的第一条铁路[8]。

如今，走过了50余年风雨的星火站扛起了通往东北客运的重任。2019年，在它原有的基础上开工建设新星火站。从最初的物资转运，摇身一变，成为京哈高铁线上规模最大的站点，2020年6月，星火站更名为北京朝阳站。2021年1月22日，焕然一新的北京朝阳站投入使用。

作为北京城近千年的漕运要塞，从水路到陆路，朝阳区一直都在承担着运输动脉的重要角色。北京朝阳站仍在不断完善和发展，在不久的将来也将成为一个集客运专线、普速铁路、城市公交、轨道交通等基础设施于一体的，北京东北部地区大型综合交通枢纽。

8　京山铁路，又称京榆铁路，是指中国一条由北京经丰台、廊坊、天津、唐山至河北省山海关的一段铁路的旧称，是老京哈铁路的一部分。老京哈铁路的京山段是我国1881年开始自主修建的第一条铁路。

秘境打卡

北京朝阳站白天运营时无需灯具照明，您知道是怎么做到的吗？

北京朝阳站

姚雪松老师带您解锁京城密码

老站换新颜，星火变朝阳。北京既年轻又有历史的车站在这儿！

我的打卡

望京原来真的是遥望京城的意思

北京要塞，
乾隆回望大喜
朝阳新贵，
经济腾飞之地

据史书记载，望京作为地名最早出现在辽代（907—1125），距今已有千年。辽代定都于中京（今内蒙古宁城），而把幽州（今北京）作为陪都之一，称之为辽南京（亦称燕京）。当年的望京馆其实并没有建在望京，而是建在望京东北十余里的孙侯（今孙河村）。孙侯与望京当时都处在中京经古北口通往幽州的交通要道上，孙侯更是位居温渝河（今温榆河）之南岸，是当时从东北方向进出幽州必经的重要渡口，也是兵家必争之地，村中曾设有瞭望敌方情况的土堡。为了给南来北往的使臣提供宿息饮饯之所，辽代便在孙侯建立馆舍。始称孙侯馆，后改为望京馆。想必是当年望京较孙侯更有名，故金中都时期沿用“望京馆”。

清代于敏中所辑《日下旧闻考》及吴长元所辑《宸垣识略》中均称："望京馆在城东北五十里孙侯村辽建，为南北使臣宿息饮饯之所。宋王曾上契丹事曰，出燕京北门至望京馆，即此。"考虑到辽代幽州在今西便门至宣武门一带，此说该较为准确。

如果说在辽宋时期让望京出名的是望京馆，那么到了明代筑起了望京墩让望京再次扬名。明代时期，望京地区是自东北方向入京的重要关卡，为了方便瞭望敌情，建了一座望京墩，用来屯粮驻兵，抵挡北方游牧民族对北京的侵扰。

此外，相传有一次乾隆去承德避暑山庄，途中看到一个小村子地形独特，村子北面有一个高岗，形状好像一条龙，于是登上最高处向西南望去，紫禁城的金色琉璃瓦映入眼帘。乾隆大喜，立刻就给这个村子起名叫"望京村"。

从宋辽时期的"望京馆"到明代的"望京墩"，再到后来的"望京村"，一千多年来，望京作为国际重要的交流通道一直都在。

秘境打卡 选一个晴朗的天气，站在望京墩上试一下能否望到紫禁城。

复建后的望京墩（张海渤供图）

姚雪松老师带您解锁京城密码

北京要塞，乾隆回“望”大喜。朝阳新贵，经济腾飞之地。

我的打卡

东岳庙竟然和泰山是这样的关系

五岳之最尊，
帝君远在泰山
朝阳出东方，
神仙就在眼前

明清两代朝鲜使臣入京朝拜，分别称为“朝天”和“燕行”。正使、副使、书状官及随行贵族子弟或文士沿途所成诗文分别称为《朝天录》和《燕行录》。在朝鲜使臣来华出访的见闻录合集《燕行录》100卷和《韩国文集丛刊》[9]400辑中，光是歌咏北京东岳庙的诗歌就有29首，有人估计应当达到三四十首。北京东岳庙是朝鲜使团的“改服”之所。“改服”，即换上朝拜的正式礼服。

东岳庙是一座道观，跟西便门外的白云观分属两个派系。白云观属全真龙门派，正是金庸笔下全真七子之一的丘处机所创建。而东岳庙是正一派的道场，又称天师派，始祖是东汉顺帝时

9 韩国古典翻译院为了提供翻译古典和研究其国学的基本资料，而收集该国历代主要人物的文集，系统地整理而成。

的张道陵，比全真派早了一千多年。

东岳庙里供奉的是东岳大帝，也就是著名的泰山神。这位神仙是泰山的化身，是上天与人间交流沟通的神圣使者，是历代帝王受命于天、治理天下的保护神。在百姓的心中，泰山神是什么事情都能管的，上到官府衙门，下到衣食住行，他无所不在。正是因为泰山神有此权威地位，深得百姓信赖与信服，所以才会在东岳庙里供奉。

从成立时起，道教就把古人对山岳的崇拜纳入自己的信仰中。在道教的山岳信仰体系中，五岳不仅仅是各路神仙集中修炼求真的场所，也是他们参悟玄妙道理的地方。所以道教的道场也大多选在这些“洞天福地”之间。但从唐宋开始，也许是为了免去远行泰山的舟车劳顿，各地都兴起了镇岳之风，就是在当地建一个东岳大帝的分支机构。这样一来，帝王们也不必再舟车劳顿，随时都可以祈福。

道教正一派第三十八代天师（玄教第一代大宗师）张留孙道长在70岁高龄的时候，开始选址筹建东岳庙，于元延祐六年（1319）开建，至治三年（1323）竣工，赐名“东岳仁圣宫”。

秘境打卡 每年春节东岳庙举办庙会，看看庙会上有什么好玩的活动。

东岳庙

姚雪松老师带您解锁京城密码

北京的东岳庙真的和泰山有关系吗？这里的东岳大帝又是谁？

我的打卡

东岳庙里有哪三多

东岳庙，神像多，
大小来者不拒
楹联多，匾额多，
全是名家真迹

东岳庙里的第一多就是神像。早在1928年的时候北平社会局对东岳庙里的神像进行过统计，那时存有神像1 316尊。

这第二多，就是楹联匾额多。从古至今，东岳庙楹联都是出自名家之手。例如，岱岳殿内有一幅黑底金字的一面，“木德承天，橐籥阴阳甄品汇。青祇司令，监观上下仰灵威”就出自著名的书法家沈鹏先生之手。那在大殿前的这幅白底黑字的一面，“枢要专司，握万化阴阳之道。仁威自在，统群生封陟之权”则是出自著名书法家刘炳森先生之手。到现在为止，东岳庙的楹联加起来已经有90余幅。

东岳庙的第三多就是碑刻，有着京师小碑林之称。历史资料记载东岳庙里碑刻就有163通，目前中路正院共有石碑89通。

在东岳庙众多的碑刻中，最著名的就是这通张留孙[10]道行碑，它是由元代著名大书法家赵孟頫亲自撰文书丹并篆额的。

东岳庙院内还有一座碑是乾隆御碑，建于乾隆二十六年（1761），上面刻有乾隆写的迎神歌和送神歌，院子的东边还有一座康熙御碑，上面记载了重修东岳庙的过程。

10　张留孙（1248—1321）又名张宗师，是北京东岳庙的开山始祖，名留孙，字汉师，信州贵溪（即今江西鹰潭市境内）人。他自幼从伯父学道江西龙虎山上清宫，为龙虎山上清宫道士，是张宗演弟子，元朝道教领袖。至元十三年（1276），南宋亡，张宗演应元世祖忽必烈召去大都，留孙从行。次年，宗演还龙虎山，留孙留大都，忽必烈授以江南诸路道教都提点之职。后来，他经历成宗、武宗、仁宗、英宗四朝，备受宠遇，历次加封为特进、上卿、玄教大宗师、开府仪同三司，正是道教在元代政治生活中重新活跃起来的一个标志。张留孙对元代道教的复兴起过很大作用。

秘境打卡

东岳庙有华北第一道观之称，去找一找东岳大帝被供奉在哪个殿宇内？在东岳庙里找到这座康熙御碑。

东岳庙碑林

元至治二年（1322）张公碑

三官之地官

三官之天官

三官之水官

姚雪松老师带您解锁京城密码

北京东岳庙里有“三多”，你知道是哪三多吗？

我的打卡

东岳庙竟然还有这种用途

皇家东游，
亲人会面地点
人之常情，
睁一眼闭一眼

虽然说东岳庙是张留孙道长私人筹建，但从明正统十二年（1447）开始，每一次修缮都是由皇家出资。东岳庙也就渐渐变成了官庙，当时不仅道士们可以按照官阶领到钱粮，就连东岳大帝的神像，也能够享有专门的皇家俸禄。

当年慈禧曾在东岳庙里的御座房休息过，但这里也是后宫的嫔妃们跟家人秘密见面的地点。

清代嫔妃入宫后是不可以随意和家人见面的。而东岳庙，位于皇家去东陵祭祀必经之路，也是一个比较重要的休息场所，所以，嫔妃的家人们会早早来到这里，希望能有机会和自己的亲人见上一面。

在中国古老的阴阳五行学说中，泰山是在东方太阳升起，万物发祥之地，所以，在京城的东边的朝阳门外，东岳庙也像泰山一样向阳而生。

秘境打卡

在东岳庙里找到这间嫔妃与家人会面的御座房。

御座房（东岳庙供图）

姚雪松老师带您解锁京城密码

在北京东岳庙里，竟然还有一个后宫嫔妃和家人见面的秘密场所，你知道在哪里吗？

我的打卡

02 水陆要冲

历史朝阳，作为京杭大运河连接帝都的“水陆要冲”，成为了这座里程碑的重要章节。千百年以来，通惠河、坝河、萧太后河、亮马河等多支水系把“大运河最后一公里”的作用发挥到了极致。京城的“南粮北调”、故宫的梁柱宫阙、厚重的城砖、皇帝下江南、举子赶考、国粹京剧、北京填鸭和丝绸茶叶，都是走京杭大运河，再经由朝阳区“水陆要冲”，方可进进出出。在水与都城之间，上演了一个又一个动人的故事。

漂来的北京城

千年运河，
水上漂来北京
水系朝阳，
承载古都快递

京杭大运河南起杭州，北到北京，始建于春秋时期。2000 年初实存的京杭大运河水道全长为 1 794 公里，但在 2014 年 6 月，当中国京杭大运河在卡塔尔举行的第 38 届世界遗产委员会会议上入选“世界文化遗产”时，它的全长被重新界定为大约 3 200 公里（其中“申遗”河道长度 1 011 公里）。京杭大运河是中国仅次于长江的第二条“黄金水道”，也是世界上里程最长、工程量最大的古代运河。“漂来的北京城”道出了大运河对于北京的重要性。

元代，北京叫大都，粮食、丝绸、茶叶等生活必需品，大部分都依赖大运河从南方向京城运输。而到了明代，建设京城的砖石木料，也都是通过大运河运抵京城。甚至于手工匠人，也都是通过大运河来到北京城的。于是老百姓就形象地说，北京城是随水漂来的。

大运河抵达通州之后跟京城紧密相连，也留下三条流经朝阳的河流，分别是萧太后河、通惠河和坝河。这三条河道从某种程度上分别代表了辽、金、元三个朝代北京地区的漕运历史。它们也构成了跟我们朝夕相处的朝阳区大运河水系。

这些年来经过不断的治理和修复，这三条古老的河道以清新的面貌重新回到了我们身边，成为北京人生活的一部分。

2000 多年的风雨飘摇，京杭大运河不仅仅沟通了中国南北的文化和经济，也为两岸沿线打造了很多的名城和古镇，同时也为我们的北京留下了浓厚的文化烙印。

秘境打卡

您知道故宫里的哪些建筑材料是通过大运河运来的吗？

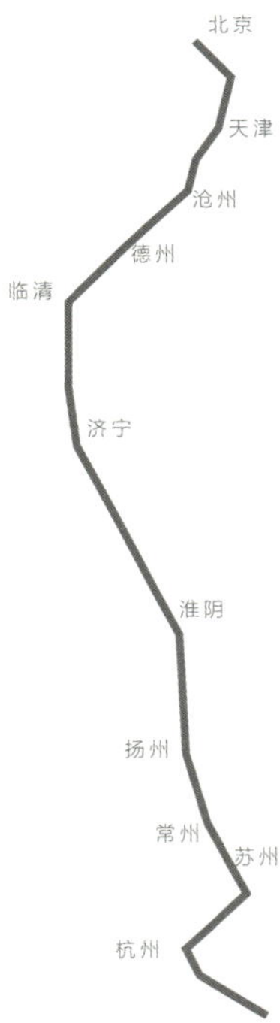

京杭大运河示意图

京杭大运河北京段（张海渤供图）

京杭大运河

姚雪松老师带您解锁京城密码

京杭运河，漂来北京城。水乡朝阳，流动的历史！

我的打卡

萧太后河的传说

太后远征，
寻河饮水止渴
朝阳古河，
由来却是传说

萧太后[11]，一代女杰，无论是作为一代政治家的谋略萧太后，还是评书里听到南征北战的枭雄萧太后，她都在北京这座千年古都的画卷中画上了浓墨重彩的一笔。

相传当年萧太后率大军征讨北宋，路过今北京城郊野的时候，手下众将士口渴难耐。萧太后勒马扬鞭一指，前面即出现清澈甘洌的河流。众将士欢呼雀跃，痛饮解渴。此河便被称为“萧太后河”。

然而，传说终归是传说。据相关史料显示，萧太后河是北京最早的人工运河，位于京城的东南部，因辽萧太后主持开挖而得

11 萧绰（953—1009），小字燕燕，契丹人，辽朝政治家、军事家和改革家，民间称其为“萧太后”。在她摄政期间，辽朝进入了最为鼎盛的时期，主要成绩是在辽景宗时代及辽圣宗前期参决军国大事，数次击败宋军并取得军事优势，重用各族大臣，使辽朝在达到国力鼎盛时期完成契丹族的汉化及封建化。

名，始于统和六年（988），是北京成为国都以来最早的漕运河，最初是为运送军粮所用，后成为皇家漕运的重要航道。它比元代漕运的坝河早280多年，比元明清漕运的通惠河早300多年，而今依然是北京东部的主要河流之一。明清笔记记载："河面船只穿行，河岸行人如织，如同江南水乡。"

1991年1月，《北京考古信息》报道，朝阳区小红门地区出土一条独木船，证明了桑干河下游，也就是永定河，能够行船通航。同时也证实了唐末及五代时期，桑干河分支就曾经流过此地。

关于萧太后河的走向，北京史专家、北京市社科院吴文涛认为，从龙潭湖和东护城河向东，流经朝阳区南磨房乡、十八里店乡、豆各庄乡和黑庄户乡后，在张家湾附近汇入凉水河最后并入北运河。

在《北京漕运和仓场》一书中，我们发现辽南京[12]一部分粮食来源于辽东京，也就是现在的辽宁省辽阳市。海船到达天津粮城港口后，换成河船然后顺着北运河北上。

结合以上分析，辽东京的粮食到达北运河后走凉水河，然后走凉水河的分支萧太后河，向西到达今天的龙潭湖，然后出龙潭湖向西北沿古高梁河逆流而上，穿过今天的新、旧帘子胡同一带（今北京和平门附近），进入辽南京的北护城河，这样运粮船就可

12　辽南京，即南京析津府，是辽国陪都，人称燕京（今北京西南）。938年，辽太宗耶律德光将其定为"南京幽都府"（今北京西南部广安门一带），1012年改号"析津府"，来自"以燕分野旅寅为析木之津"，后来在金代经过修缮扩建成为金中都。

以直接抵达辽南京城下。

2015年起，朝阳区开始对萧太后河朝阳段进行治污、疏解、还绿。如今的萧太后河，历经了6年的河道治污、疏解及还绿工作，可以说头段整治工作已经宣告成功了，在人们的努力下，这条千年的古运河，重新焕发了生机。萧太后河的治理不仅实现了水清、岸绿，还增添了景美蕴深的人文景观。萧太后河朝阳段自西向东，全线共有运河怀古、古都溢彩、马家湾之忆、田园鱼跃4个景区，樱柳映堤、曲桥清州、卧牛问溪等22个景观节点分布其间，这些全部来自当地的民间传说和地标建筑。

秘境打卡 去萧太后河边走一走，说说您心中的萧太后是一个什么样的人。

萧太后河公园

古韵悠扬（季懋中供图）

改造后的萧太后河·马家湾湿地公园（王鑫供图）

姚雪松老师带您解锁京城密码

萧太后河，皇家漕运航道。疏解还绿，如今焕发生机。

我的打卡

十里河的前世今生

左安十里，
京城民俗之窗
朝阳古河，
即将再创辉煌

十里河到底有没有河？如果没有，这十里河的名字又是怎么来的呢？要说“十里河”这个名字，咱们必须先来说说这个“十里”。它正好是从老北京城左安门到这里的距离。这个左安门，是明朝嘉靖皇帝于明嘉靖三十二年（1553）建造外城时修建的。门外的官道与十里河相通，十里河就成了这条路进出京城的地理标识。说到这，“十里”是有了，那河呢？

“十里河”真是一条河，就是萧太后河的一部分，西起迎春门，接入大小川淀的水流汇入陶然亭湖，然后向东进入龙潭湖，由此经过左安门一带，向东南方向继续流淌十里的距离，抵达今天的十里河村北。

清代震钧的《天咫偶闻》记载：“八里庄之西二里，有河名十里河，又名萧太后运粮河。”

新中国成立之后，随着城市建设脚步的加快，十里河原来的旧河道转入地下，新建的十里河桥成为了东三环和南三环分界点上的新地标，桥下也出现了一条新地标，即商业十里河。

从 20 世纪 90 年代开始，北京城各地的“玩家”为了传承六百多年的“老天桥”民俗文化，把撂跤、杂技、戏曲等老北京绝活表演也搬到了十里河。

秘境打卡 去十里河看老北京绝活表演，感受六百多年历史的老北京天桥民间文化。

十里河文化园（张海渤供图）

十里河地铁站

姚雪松老师带您解锁京城密码

左安十里，京城民俗之窗。朝阳古河，即将再创辉煌。

我的打卡

阜通河为啥改名叫坝河

元大都城确立今天北京中轴
朝阳坝河千年漕运水陆要冲

坝河其实原来有一个非常大气的名字，叫阜通河。阜通本有货物丰富，渠道畅通之意。但是老百姓瞧着阜通河上的7座大坝，索性就把它叫成了坝河。

坝河于元朝大举开凿，由郭守敬亲自设计。到了至元十六年（1279），开了金水河，把玉泉山的水分了一半过去。漕河的水就少了。结果没办法，就把40多里长的河道修了7个坝，分别是千斯、长庆、郭村、西阳、郑村、王村、深沟七坝。其中，西阳坝在今东坝乡七棵树行政村西坝自然村北，郑村坝在乡域北小河与坝河交汇处。“阜通七坝”由此而生，粮食走十里翻一回坝，最终抵达积水潭。

从这以后，朝阳区的坝河开始就担当起了物流生命线的角色。它一年漕运80万石到100万石，占全年京师总运量近五分之一，所以坝河在元代一直发挥着重要作用。

“阜通七坝”历经 700 多年沧桑。辖区内的北岗子闸房、东坝闸房、三叉河闸房大多在原址附近重建，让人们重新忆起坝河漕运的辉煌。

秘境打卡

坝河流域是一片古老的土地，千百年来，在这里生活的人们形成了独特的民间故事、民风民俗。找当地居民听听那些流传下来的老故事。

坝河休闲公园

坝河（张正晔供图）

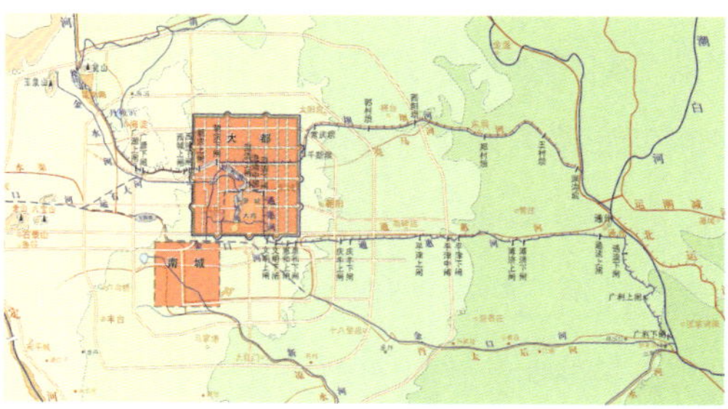

坝河示意图

姚雪松老师带您解锁京城密码

元朝漕运主力担当，阜通七坝功不可没。

我的打卡

郑和之名与郑村坝之战

郑村坝之战，
奠定北京营都城
马三保勇猛，
受赐郑姓下西洋

坝河堪称古都北京东郊的“门槛”，历来被视为京东重镇。坝河在通惠河通航之前，一直担负着非常重要的漕运作用，作为七坝中的郑村坝，既是坝河上重要的坝闸，也是漕运沿线的重要码头。

著名的大航海家郑和，居然曾是一名悍将，而他的传奇故事正是在朝阳区的这条河流开始的。

郑村码头公园的牌楼上写着两个字——郑村，是指坝河七坝之一的郑村坝，在靖难之役[13]中，这里曾经发生过一起改变了许

13　靖难之役，又称靖难之变，是中国明朝建文年间发生的内战。建文元年七月初五（1399 年 8 月 6 日），明太祖第四子燕王朱棣起兵反叛侄儿建文帝朱允炆，战事持续三年。建文帝缺乏谋略，用帅不当，致使主力不断被歼。朱棣以燕京（今北京）为基地，灵活运用策略，经几次大战消灭官军主力，最后乘胜追击，于建文四年六月十三（1402 年 7 月 13 日）攻下帝都应天（今江苏南京）。建文帝失踪，朱棣登上帝位，是为明成祖。前无古人后无来者，是中国历史上唯一一个藩王造反成功的案例。

多人命运的战役——郑村坝之战。

靖难之役，手握八万燕军的朱棣和建文帝朱允炆的五十万大军就在此展开了一场实力悬殊的大战。

就在燕军危难之际，马和给朱棣献出了妙计，他亲自率领几百名骑兵直捣对方大营，逆转了战局，帮助燕军反败为胜。朱棣大喜过望，就以“郑村坝”为名，给马和赐姓为郑，此后名为郑和。没错，他正是那个原名叫马三保，后来七次下西洋的郑和，为什么跟着朱棣混的时候叫马和呢?

原来在他 11 岁那年，明军攻入云南，马三保因为年纪小，脑袋倒是保住了，可有的部位却没能保住。一夜之间，他从贵族少年变成了小太监，被分配给了燕王朱棣，连名字都改叫马和。就这样，他从“马三保”成了“马和”，最后又变成了“郑和”。

秘境打卡 去郑村码头公园寻找“漕舟催渡”碑石。

郑村码头公园（张海渤供图）

郑村坝遗址（张海渤供图）

姚雪松老师带您解锁京城密码

震惊！著名航海家郑和竟然是从这里出发……

我的打卡

坝河上熙熙攘攘的劳动者

北京古都，
粮食是立国之本
元代漕运，
坝河乃立都之魂

我们不生产粮食，只是粮食的搬运工。如果我们穿越回到漕运兴盛的元朝，会看见什么样的场面？据《元史·王思诚传》记载，当年开坝河，“设坝夫户八千三百七十有七，车户五千七十，出车三百九十辆；船户九百五十，出船一百九十艘。”

坝夫也叫扛夫，就是装卸工。装满粮食的漕船从南方通过大运河到通州以后，如果要继续走水路的话，必须逆流而上。

所以，元朝的水利专家郭守敬修建了七座滚水坝，分别是千斯坝、长庆坝、郭村坝、西阳坝、郑村坝、王村坝、深沟坝，民间俗称“阜通七坝”。

每过一个坝就要翻一次粮。坝的这头挖一个大坑，把船停在这里，马车来接漕船上的粮食，粮船上的所有粮食都得用人工背过去，用马车运到那个水潭。

粮食一走十里就要翻一回坝，这样一来，就可以通过每个坝以坝蓄水来保证行船的必要水深，节制和调控水量以平稳行船，以击鼓传花的方式把粮食一个坝一个坝地接力运送到积水潭。

据史书记载，坝河“岁漕米百万，全凭船夫力”。为了保证漕粮运输安全，朝廷还在坝河设置新运粮提举司，官职为正五品。如此一来，滚水坝不仅起挡水作用，还成了装卸搬运漕粮的码头。船只、船户、扛运粮食的扛夫、监督管理漕运的官员等，使当时的郑村坝成为人流熙攘的码头。

秘境打卡

想象一下翻坝是什么场景，并且找到坝河上的七座大坝的遗址。

坝河翻坝（《中国水利史典》专家委员会副主任蔡蕃供图）

姚雪松老师带您解锁京城密码

两万人！坝河漕运经济竟然养活了这么多人。

我的打卡

坝夫居然用竹片换钱

元朝都城，
吃饭都靠坝夫扛
朝阳要冲，
坝河两岸运粮忙

坝河的七座滚水坝上，由坝夫、船夫、车夫、纤夫等职业所产生的户籍人口就有 4 万多人，再加上每个坝都设有专管的府衙官兵。

坝夫全年上班 240 天（除去坝河 100 天左右的冰冻期），每天没有固定的工作时间，也就是说，来船就干活，没船就地歇着，就算是半夜来了船，也要立马起来扛活。所以为了方便，船夫坝夫们有的直接在坝上的仓房盹困，有的干脆把家安在了坝河边上，这样一来，每个坝周边的饭店、旅店、买卖商户等生态产业也越来越多，逐渐形成了坝河四十里沿线的众多的码头村落。例如，今朝阳区的东坝、酒仙桥、将府一带都是当年较为热闹的坝河码头。

据《王思成传》记载，元成宗大德六年（1302），岁漕米百万，全籍船、坝夫之力！自冰开发运，至河冻时止，日运粮4 600余石，年计运粮110万石。换而言之，按一年240天的运输期，一石等于120斤来计算的话，坝河每天运粮就可以达到55.2万斤，一年的运粮就是1.3亿多斤。平均每天，每个坝夫要扛七八百斤粮食，这么辛劳、高强度的工作，他们的收获又如何呢？

坝夫每扛一定数量的粮食，都会得到计有相应数字的竹片，然后到坝边的龙王堂进行业绩考核。这个龙王堂属于每个坝的专管机构，是新运粮提举司的下属单位，统归"京畿都漕运使司"进行管理（京畿都漕运使司就是过去的水利管理部门）。

竹片交到管理人员手中，他会大声喊出竹片的数量，然后兑换工钱或者粮食。这在当时叫"唱筹"。你别看这小小的竹片，能住店、能吃饭、能洗澡、能换钱，都赶上现在的手机扫码支付了。另外，据记载，坝夫、船夫等，按月每人还可以支米三斗，盐半斤，与当时打造兵器的工匠的酬劳相等。

到了元朝末年，由于管理混乱，劳动强度加大，坝河上的车辆船只受损严重，干活的人也越来越少。据记载，那时每个坝夫平均每天要运粮400多石，这可是4 800多斤的负重，远超了人类的极限，谁能扛得动啊？到了洪武元年（1368），徐达和常遇春大军杀到元大都，坝河也就此退出了漕运的历史舞台。

在元大都成为国都的90多年中，坝河平均每年有100多万石的粮食是靠这些血肉之躯一袋一袋扛过来的，不论是坝河，还是通惠河，在京杭大运河的京字诀里，满含京城希望的这一段水路要冲的华彩乐章，都奏响在朝阳区这片热土上——我们不生产粮食，只是粮食的搬运工。

坝河一年漕运 80 万到 100 万石，在元代发挥了重要作用，坝河比通惠河早 30 多年，而且从至元元年（1264）到明朝洪武元年的 104 年间，全都在运转。这种翻坝的运输方式也深刻影响了此后几百年的北京漕运历史。

秘境打卡

去郑村码头寻找古码头壁雕，想象一下当年坝河码头热闹的繁荣景象。

坝河雪景（张海渤供图）

郑村码头壁雕

姚雪松老师带您解锁京城密码

1.3 亿斤！这只是小小坝河一年漕运粮食的数量。

我的打卡

通惠河是一条“自然河流”吗？实为大科学家郭守敬主持修建

通天下粮草，
惠古都民生
守人间正道，
敬天下苍生

一个 700 年前的科学家到底有多牛呢？他可以用算盘测算出一年有 365.2425 天，跟现代计算结果只差 26 秒；他是世界上第一个提出并使用了“海拔”概念的人；小行星、月球上的环形山[14]及中科院里的“LAMOST 望远镜”[15]都是以他的名字来命名的。更厉害的是，他还建造了北京的经济命脉。

1271 年，忽必烈定都北京后，南北运河通航，从南方运来的漕粮物资，都源源不断地“挤”到了通州。走陆路再到大都，走

14　1970 年，国际天文学会以郭守敬的名字将月球上的一座环形山命名为“郭守敬环形山”。1977 年，国际小行星中心将小行星 2012 命名为“郭守敬小行星”。

15　郭守敬望远镜（LAMOST，大天区面积多目标光纤光谱天文望远镜）是一架新类型的大视场兼备大口径望远镜，即“王－苏反射施密特望远镜”。

起来效率低而且损耗非常大。而就在这个时候，我们的大咖闪亮登场了，他就是我国元代的伟大科学家郭守敬。

当时他接到任务之后，运用海拔高度的测绘方法，对西山到通州的水路进行了详细勘测，并亲自带队施工。

郭守敬经过反复勘测，决定自京北昌平县白浮村引神山泉泉水，先让它向西流，再折向南流，一路与一亩泉、榆河、玉泉诸泉汇合，并截取沙河、清河上游之水，一起流入瓮山泊（今颐和园昆明湖）。然后，再从瓮山泊经长河、高粱河流入和义门（今西直门）到积水潭（又名海池，即什刹海），为停渊，再从积水潭东边的万宁桥（俗称后门桥）流出，经东不压桥，沿大都皇城的东墙，流过沙滩、北河沿、南河沿，经御河桥往南，出丽正门（今正阳门）东水关，再转向东南，流入文明门（今崇文门）外的金闸河，再从金闸河往东 40 里流到通州区张家湾以西的高丽庄，汇入白河，全长约 82 公里。由于大都比高丽庄（今北京通州西 12 里）要低不少，坡降过陡既不宜逆水行舟，水大的时候，河水还容易走泄。于是，郭守敬又沿河每 10 里设船闸一处，每处建上、下闸门两座，两闸之间距离大约 1 里。一共设了 24 座闸。用时不到两年，一条直通大都城内的人工运河就完美竣工了。

通惠河作为京杭大运河的“最后一公里”，在元朝中后期，每年最高有将近二三百万石（约 3 000 万斤）的粮食从南方直接运到大都城内。朝阳区境内的这段通惠河也被誉为北京城的经济大动脉。

秘境打卡 您知道郭守敬还有哪些贡献吗？去郭守敬纪念馆参观一下。

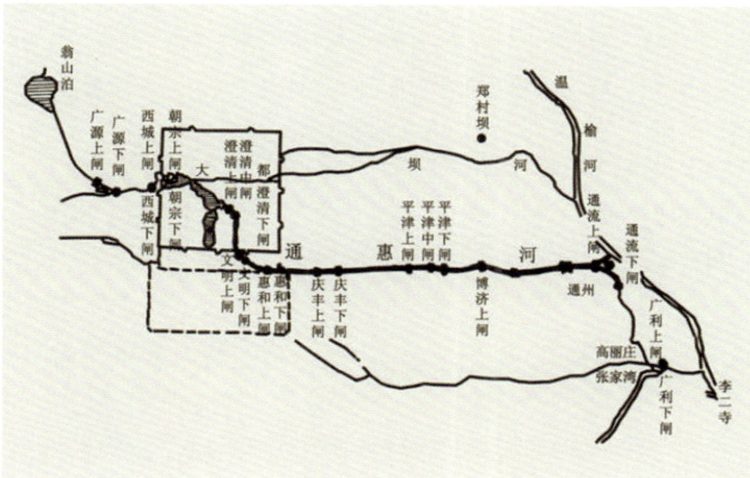

通惠河示意图

航拍通惠河（何慷民供图）

通惠河风光（李贤明供图）

姚雪松老师带您解锁京城密码

700 多年前的京城生命线，如今依旧流淌在朝阳！

我的打卡

当年曹雪芹最爱，如今 CBD 后花园——庆丰闸

曹公小酌，
独爱二闸
红楼记述，
朝阳风雅

庆丰闸也叫通惠河二闸，清朝的时候，这里风景优美，当年在闸口两岸的旅馆、酒楼、歌台林立，聚满了南来北往的客商。最为著名的就是二闸北边有一个望东楼。这个闸的南边，还有一个望海楼，两座酒楼，隔河相望，人气爆棚。大作家曹雪芹当年常来打卡的地方，您知道在哪里吗？

那么这里好玩到什么程度呢？清代的《北京竹枝词》当中说得好："最是望东楼上好，桅樯烟雨似江南。"据说在 200 多年前，这里是曹雪芹最爱的打卡之地。当年曹雪芹有两个年轻的小伙伴：一个是爱新觉罗·敦敏[16]，一个是爱新觉罗·敦诚，他们都

16 爱新觉罗·敦敏（1729—1796），字子明，号懋斋，努尔哈赤第十二子英亲王爱新觉罗·阿济格五世孙，理事官爱新觉罗·瑚玐长子。敦敏和弟弟爱新觉罗·敦诚与《红楼梦》作者曹雪芹交好。

是望东楼的常客。

通惠河由京城连通大运河直通江南，水路是当时南北货运和人员通行的主要方式。二闸码头是上船、中转、食宿、休憩的最佳地段。而且庆丰闸两岸树木葱茏，杨柳依依，芦苇婆娑，水草丰盛，一片诗情画意。长河远眺，千帆点点，碧波映舟，风光旖旎。平民百姓踏青、赏秋，文人墨客聚会赋句都会来二闸。

如今的二闸，已经摇身一变成为今天的庆丰公园了，这里有京畿秦淮、大通帆涌、惠水春意、文槐忆故、新城绮望、庆丰古闸、叠水花溪、银枫幽谷八个景点，成了北京 CBD 名副其实的后花园，曾经古代的盛景孕育出了现代的时尚繁华。

秘境打卡

来庆丰公园寻找一通仿元的庆丰闸遗址碑，并且拍照留念。

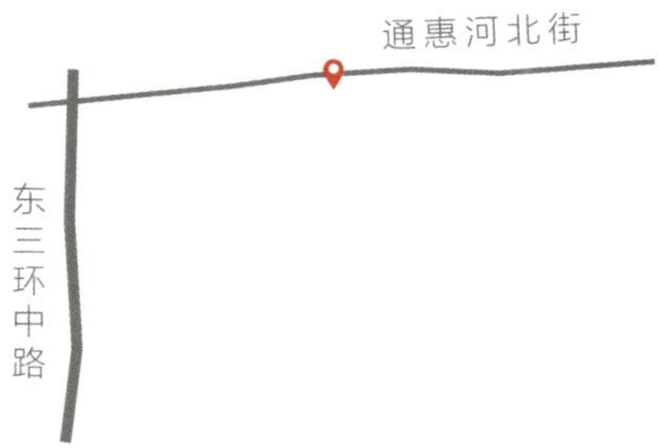

庆丰闸遗址（李志明供图）

庆丰桥（黄天来供图）

姚雪松老师带您解锁京城密码

如今 CBD 后花园，当年曹雪芹的打卡地。

我的打卡

皇粮转运站高碑店的由来

漕运平津闸，
输送帝都口粮
朝阳高碑店，
京城最美水乡

宋代《松漠纪闻》记载：“潞县三十里至交亭，今之高米店疑即古之交亭，交、高，音讹也。”

其中就说到，“高”是因“交”的谐音而来。另据清代《日下旧闻考》的记载：这里原来是通州到京城途中的皇粮转运站，人称高（交）米店或高碑店。直到清朝以后，最终定名为高碑店。

通惠河自1293年通航开始，来往高碑店的粮船、商船川流不息，运送着京城人的一日三餐，也运来了南方的商品物资，当时两岸一片繁忙的景象，周边的客栈、作坊、茶馆、酒楼也是商贾云集，生意红火，热闹非凡，一直延续到清朝末年。后来，随着铁路、公路建设的兴起，高碑店的水运才慢慢地淡出了人们的视线。

直到20世纪90年代，高碑店又一次因水而高调回归。那是1993年和1999年，高碑店一期、二期污水处理厂分别投入使用，每天可以处理北京市近250多万吨污水，为近240万人带来了福音，一举成为当时北京最大的污水处理厂。

2001年7月，北京首次申办奥运会成功之后，高碑店污水处理能力再创新高，不仅保证了2008年北京奥运会期间的城市用水和工业用水需求，还为北京节约了大量的优质饮用水，成为了首都的用水安全守护者。紫禁城外的最美乡村，让高碑店再次成为了人们穿越历史的景点。

秘境打卡

去高碑店寻找转运站遗址。

美丽乡村高碑店（曹丰英供图）

高碑店污水处理厂（张锁安供图）

姚雪松老师带您解锁京城密码

千年古村见证漕运历史，最美乡村传承运河文化。

我的打卡

古代神操作——揭秘逆水行舟的平津闸

千年古闸，
实现逆水行舟
水运通汇，
镌刻朝阳丰碑

这里有一个千年古闸，可以实现逆水行舟的神操作！让我们带您一起揭秘古人是如何实现的吧！

流经朝阳区的通惠河，是由郭守敬主持修建的一条元代漕运河道，距今已经有700多年的历史了。我们知道这个大运河北端的终点是通州，但是北京的地势却是西高东低，水往低处流，那么从通州进入京城的水路运输又是通过什么方式实现的呢？

为了让漕运的船舶能够自东向西顺利地进入都城，郭守敬将昌平的白浮泉水先引到西山，然后绕道让水流缓缓地降低高度，再向东流过东便门，然后直奔通州。为了解决东西海拔高度差，通惠河沿线上总共设置了24座水闸。在行船的时候，每进到一个闸门之后，就会关闭闸门进行蓄水。然后等到水位上涨到跟上一个闸的水位相平的时候，船前行进入上一个闸。以此类推，漕运的船就可以行驶到大都城内，抵达现在的什刹海、后海一带。

同时建造北京城、故宫、天坛等使用的大量石料、木材等，也都经过平津闸运到了北京城。可以说，像平津闸这样的 24 座闸，让逆水行舟成为了现实。

平津闸最早叫郊亭闸，位于高碑店村北口桥西，何年何月被改为平津闸已经难以究其详。通惠河河深几尺，任其自流，河道之水甚至只有二三尺深。平津闸有上、下两闸，相间七里。上闸与庆丰闸距离十五里，打开上闸，则庆丰闸连闸底都能露出，可见平津上闸对这一段十五里长水道的重要性。平津上、下两闸关闭，上、下闸之间的水就会全被拦住，七里水面平静如带，河面商船往来，“舳舻蔽水”，一幅多么欣欣向荣的画卷。平津闸作为唯一一座遗存下来的闸口，已经是不多的历史遗存，显得尤为珍贵。它见证了元、明、清三代的历史变迁，更像是我们打开朝阳区历史内涵的一把钥匙。

秘境打卡　来高碑店找到这座老闸口，听老街坊说一说他们心中的“老闸窝”。

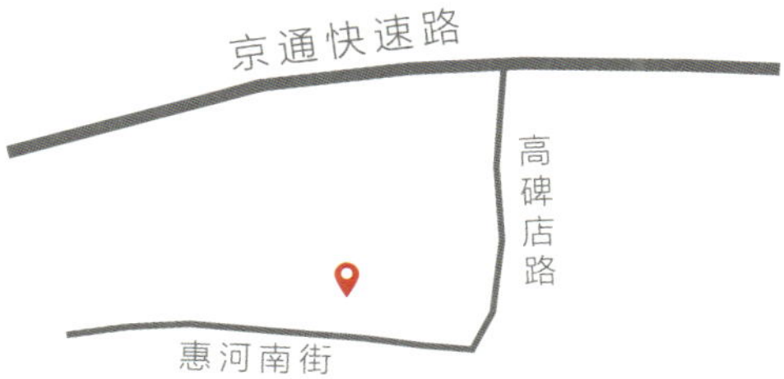

平津闸遗址

姚雪松老师带您解锁京城密码

北京的这座闸，是大运河文化的见证者，它让“逆水行舟”变成了现实！

我的打卡

两千年温榆河的新生

温榆河水，
滋养千年古都
京城涓流，
串起运河长城

在北京境内有这么一条河，它不仅从来没有干涸过，还是唯一的一条发源于北京境内的河流。

公元 37 年，东汉名将王霸多次上书，建议由温水漕运运输，省去陆路运输的辛劳。王霸跟随光武帝刘秀多年，很受光武帝的信任，所以他提出的很多建议都得到了刘秀的认可。于是这一条温水就这样得以顺利开挖。

那么温水究竟是哪一条河呢？在学术界其实也众说纷纭，有的认为是今天的温榆河，有的认为是永定河，唐高宗太子李贤注《后汉书・王霸传》，认为温水即温榆河，中国水利水电科学研究院蔡蕃研究员认同此观点。

其实温榆河有好几个名字，叫温榆水，又叫湿余水或者温余水。在东汉的时候，它大多用于漕运军粮。温榆河在通州城北汇入潞水，从中原征用的粮物需从温水漕运到昌平居庸关长城一线。这条河连通了大运河与长城。

温榆河的发源地就在北京市燕山南麓的昌平、延庆、海淀一带的山区，有东沙河、北沙河、南沙河、清河等支流。

后来元、明两代建都北京为了解决皇家园林的湖泊与京师通槽河道的水源问题，就把温榆河的支渠和高粱河又纳入都城的范围。明隆庆六年（1572），疏通了南沙河到通州渡口 70 公里长的河道。

明万历年间（1573—1620）又把小清河引入南沙河，此后南、北沙河在明朝不仅成为两岸农田灌溉的重要水源，也是京北的一条重要的水路运输的动脉。

温榆河作为大运河文化带的延长线，流淌了两千余年，今天它也成为北京最大的绿肺和湿地公园，依旧在滋润着这座城市。

秘境打卡

温榆河两岸的原住村落里流传着民间曲艺形式：莲花落。当地人将很多具有地方色彩的故事改编成了莲花落，并由老一辈人保留了下来。请当地老一辈人讲讲都有什么有趣的故事。

温榆河公园

鹤落温榆河（陈祥荣供图）

姚雪松老师带您解锁京城密码

温榆河水，养育千年古都。京城涓流，串起运河、长城。

我的打卡

孙河居然隐藏了一家千年历史的涉外酒店

北京第一，
涉外宾馆水厂
首都最大，
城市绿肺公园

北京最早的涉外酒店，原来在这里。

早在一千年前的辽代时期，孙河还叫“孙侯屯”，位于现在的温榆河南岸，是当时从东北方向进出幽州必经的重要渡口。辽国为了给南来北往的各国使臣提供住宿休息的方便，在孙侯建立了一个类似招待所的馆舍，名叫孙侯馆。

在南宋史学家李焘曾经编撰的《续资治通鉴长编》一书中就有过这样的记载：“出北门，过古长城、延芳淀，四十里至孙侯馆，后改为望京馆。”这不妥妥地就是北京第一家涉外酒店吗？

到了元代，它的名字变成了“孙侯店”。明朝万历年间，它又变成了“孙侯屯”。直到清代光绪年间，它才改为今天的“孙河村”。

清代《宸垣志略》中："今其地名孙河屯，或孙侯村之转音也"。

温榆河水清澈甘冽，这里还成就了北京市第一座自来水厂。清光绪年间，清政府在孙河筹建"官督商办"的京师自来水股份有限公司。1910 年 3 月，以温榆河为水源的孙河水厂建成。经过处理后的自来水通过东直门配水厂供给北京城区，改变了北京城区吃井水的历史。

温榆河，是孙河乡人的母亲河。时光斗转，它仍然是现代北京东北部的渡口要塞。

秘境打卡 去孙河中学寻找明崇兴庵遗址，尚存三间殿宇及古柏、古楸各一株。东临温榆河，曾为古渡口。

孙河公交站（张海渤供图）

姚雪松老师带您解锁京城密码

北京第一涉外水厂，首都最大城市绿肺。

我的打卡

亮马河真的是洗马的河吗

古都晾马，
首选亮马河岸
朝阳水系，
最美金色名片

亮马河真的是洗马的河吗？

根据民间传说，亮马河是因为有人在河中洗马、晾马而得名。

第一种说法，在这里洗的是明成祖朱棣的马。相传永乐皇帝朱棣在一次征战当中，人困马乏，看到不远处有条小河，于是下令歇马，为马匹刷洗，然后在河边晾晒。

第二种说法，在这里洗的是皇家御马。根据《日下旧闻考》《明一统志》中的记载，亮马河一带的皇家御马苑，俗称“东御马厂”，有大大小小的养马场所 20 多处。

第三种说法，在这里洗的是商旅的马。古代的往来商旅都要在这里给马匹洗尘，洗完之后要拴在两岸的大柳树旁边进行晾晒。等马身上的水晾干后再进城。

其实，以上三种传说都有一定的道理。但不管亮马河之名源自哪个，亮马河曾在明朝的时候，作为漕运河道的“神经末梢”，发挥过很大的作用。虽然现在这条河关于漕运的历史已经成为过去，但是它早已华丽转型，成为北京潮生活的“金名片”。

自亮马河燕莎桥至朝阳公园段通航后，就可以在这里欣赏到两岸绚丽璀璨的夜景，饱览富有文化、国际化、绿色生态的亮马河国际风情水岸。

秘境打卡

全长 1.8 公里的航线分为两段：第一段西起燕莎桥，东至安家楼桥；第二段为朝阳公园内北湖桥以西水域及环湖岸线。选择一条你自己喜欢的航线，在暮色中起航。

亮马河风情水岸

亮马迎霞（赵创新供图）

幽静亮马河（刘学秀供图）

姚雪松老师带您解锁京城密码

古都晾马，首选亮马河岸。朝阳水系，最美金色名片。

我的打卡

第二部分

文化篇

古今朝阳，文化密钥

北京中轴线，是北京老城的“脊梁”和“灵魂”，它其实并不是一条真实存在的线，而是贯穿北京市中心的一条建筑群，北京城市布局由此展开。

悠久的历史给朝阳土地留下了许多历史古迹，从那些斑驳的痕迹中依稀可辨过去的辉煌，经过岁月的打磨显得愈加珍贵。

北京的奥运村位于纵贯城市南北的中轴线的北端，这一片区域早在一千多年前就是各朝各代屯兵的地方。公元 979 年，宋军统帅杨业就曾经在这里与辽军发生过激战。不仅如此，明清的时候，这里还是皇家王公贵族狩猎之所，当时这里还养过豹子、老虎、飞鹰等飞禽野兽，给皇家打猎取乐。

如今，大屯、洼里已变身为奥体、奥森公园。

2008 年 8 月 8 日，当二十九个礼花脚印沿着千年古都中轴线一路走来时，源远流长的中华文明与历史悠久的奥林匹克完成了第一次伟大的握手。朝阳作为北京奥运的主承载区，为世界奉献了一届无与伦比的奥运盛会。同时，也把一个绿色、科技、人文的大国之都推向了世界舞台中央。

时隔 14 年，北京冬奥会的圣火再一次在北京中轴线上点亮。奥运又一次进入“北京时间”，“鸟巢”与“水立方”这些曾让世界惊叹的夏季奥运场馆，迅速切换到“冬奥模式”，朝阳区也成为了世界唯一一个举办夏奥和冬奥的双奥之区。朝阳作为北京奥运的主承载区，又一次为世界奉献了一届无与伦比的奥运盛会。

奥林匹克，是“新北京 新朝阳”的文化密码！

03 运河文化

大运河的开凿，至今已有 2500 多年的历史。大运河的通航，极大地促进了中国南北经济的交流和发展，也促进了运河沿岸经济的繁荣和城市的兴起。如果说长城是中华民族挺立的脊梁，大运河就是流动的血脉，是一部书写在华夏大地上的宏伟诗篇。

运河南北，文化鼎盛；沿岸都市，繁花似锦。朝阳区是运河文化带的重要节点，“南粮北调”、宫殿的梁柱、厚重的城砖、国粹京剧、举子赶考、皇帝下江南和北京填鸭、丝绸茶叶，都是经过朝阳区进进出出。

科举门里找学霸——逛我国唯一的科举匾额博物馆

层层选拔，
科举千辛万难
金榜题名，
高手出自民间

在北京市朝阳区文化新大街，有一座我国唯一的科举匾额博物馆。这里收藏了与古代科举制度有关的文物近600件。年代最久的状元匾为明永乐十六年（1418），距今已有600余年。其中包括国内唯一留存的科举主题石雕，是馆里的镇馆之宝。

这座石雕发现于河北省涿州市，应该是立于当年的官办学堂里，最珍贵之处其实就是“科举门”三个字。因为科举门上通常出现的雕刻有龙门、禹门等，取鲤鱼跳龙门、大禹治水之意。据说，临考前学子们只要从科举门迈过，就能考试顺利。

我国古代科举制度规定：过了乡试的叫举人，过了会试的叫贡士，过了殿试的叫进士。如果在乡试、会试、殿试当中连续获得第一名，就是连中三元。中国科举制度一共施行了 1300 多年，在这么漫长的岁月中一共才出了 13 位连中三元的大学霸。

1905 年，我国废除了科举制度，博物馆内张贴着一幅中国科举制度下的最后一张金榜（仿制）。这张 1904 年诞生的金榜上能够清楚地看到，状元（殿试第一名）是刘春霖。

秘境打卡 科举博物馆有一处古代考场，去亲身感受一下古代考场是什么场景。

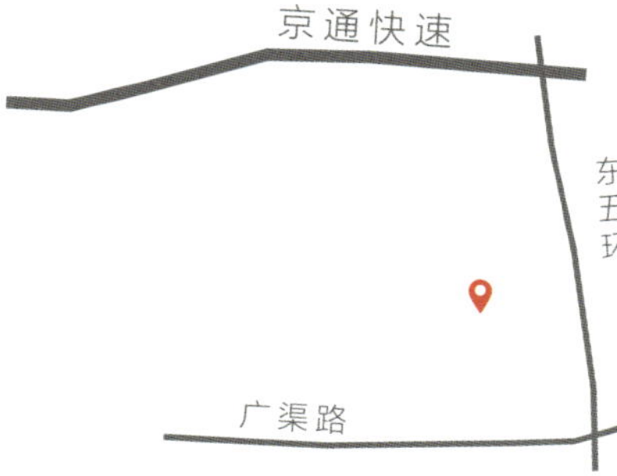

科举匾额博物馆

科举门

姚雪松老师带您解锁京城密码

科举门长啥样？古人如何科考？科举匾额博物馆给你答案。

我的打卡

运河赶考文化之旅

寒窗苦读，
运河北上圆梦
金榜题名，
朝阳文化要冲

您知道，在古代考中一个状元，有多难吗？

就拿明清的科举来说，首先，您先要通过第一级入学考试——童生试。不过，这个入学考试里包括县试、府试和院试三个阶段。如果您有实力全部通过，恭喜您有了一个新的身份——秀才。只有秀才才可以参加地方大考，胜出者将获得举人的资格。

据考证，明清时期举人的录取率大概只有 4%，中举之后才有资格收拾行李准备进京赶考。赶考前，举人们可以在当地官府领取上京路费和火牌。这火牌是可以在沿途驿站免费补给食物和领取马匹的凭证，而路费一般根据距离京师的远近而定。

当然，对于南方的举人而言，进京赶考的标配必须是坐船走大运河。坐船来到通州后，举人们就要改成陆路进京了。到八里庄驿站，用火牌免费领一匹官马，到了朝阳门外关厢一带的时候，举人们可以在这里的小酒馆或者旅店休整几天，感受一下京师的繁华，顺便和全国各地的读书人切磋一下文章才艺。

之后，举人们继续向朝阳门进发，参加会试和殿试。不管全国来多少位举人，只录取前三百名，考中的，就是准进士啦。

终于等到最后一关，那就是由皇帝亲自出考题的殿试，这是所有科举考试里的最高级别。殿试胜出的第一名就是金榜题名的状元。

在历经1300年科举制选出的357位科举状元中，我国南方省份的状元数量将近是北方的一倍，各省份历年获得状元人数如下：

第一名：江苏60人；第二名：浙江54人

第三名：河南37人；第四名：福建33人

第五名：山东30人；第六名：江西29人

第七名：河北29人；第八名：安徽21人

第九名：四川13人；第十名：山西10人

第十一名：湖北10人；第十二名：陕西9人

第十三名：广东6人；第十四名：广西5人

第十五名：湖南4人；第十六名：甘肃3人

第十七名：贵州2人；第十八名：黑龙江1人

第十九名：辽宁1人

也许是因为从大运河入京赶考会走上好运吧！这条运河为我国古代南北地域的文化交流起到了巨大的推动作用。

秘境打卡 在科举博物馆里找到中国科举制度下的最后一张金榜。

金榜题名

姚雪松老师带您解锁京城密码

寒窗苦读，运河北上圆梦。金榜题名，朝阳文化要冲。

我的打卡

乾隆下江南与大运河漂来的国粹

进京通道，
开启国粹之路
汉剧徽班，
合为一枝独秀

中国国粹，是指完全发源于中国的文化精华，是中华民族传统文化中最具有代表性、最富有独特内涵而深受许多时代的人们欢迎的文化遗产。中国的国粹有很多，其中誉满中外的京剧、武术、书法和中医，被世人称为中国的“四大国粹”。

京剧居然也是大运河漂来的？它与乾隆皇帝又有什么关系？

乾隆皇帝在重修石道碑的碑文中，曾记载朝阳路是秦汉时期的古道，也提到它是清代的国家命脉，漕粮进京的要冲，所以他不惜巨资，为这条路铺上了石板。后来，京剧前身的四大徽班，也是从这条路走进的北京城。

1780 年，乾隆从这条御道直奔通州坐上了船，然后开始了他的第五次江南之旅。这位乾隆爷可谓是一枚戏痴。臣子们为了投其所好，早在出发前就通知了沿途府衙，备好了戏班，就等着圣驾的到来。

乾隆驾到，好戏开台。此时，在运河边文峰塔下扬州三湾的舞台上，来自四面八方的各曲种戏班，粉墨登场亮相，亮出拿手好戏，开启了一场超大规模的戏曲车轮战，看得乾隆拍手叫好。

乾隆离开后，戏班们决定结伴沿运河北上。每经过一个城镇，都要登岸演出。就这样一路走一路唱，各种地方戏曲在运河边拉开了一场飙戏、切磋、借鉴、融合的文化之旅。最终，徽班的徽调与湖北的汉剧逐渐合流，还融合了秦腔、梆子和北京方言，最终以西皮、二黄[17]为主，集合昆腔、吹腔、高拨子等曲调于一身的全新剧种孕育而生，这就是今天的国粹——京剧。

京剧发展到清末，可以说是在北京遍地开花，以《同光十三绝》[18]为代表的一系列京剧红角，开始名扬四海。那个时候，除了北京城内的戏楼之外，朝外关厢、二闸的戏园子也是好声音不断。如今，长眠在朝阳区东风乡的言派老生创始人——言菊朋先生也是在那段时间开启了他独树一帜、开枝散叶的光辉历程。

京剧，之所以称国粹，正是因为它萃取了各地文化艺术的精华。而大运河之水又用她那独特的黏合力和传输能力将不同地域的文化融合在一起，这条朝阳路也成了凝结中国戏曲文化的水陆要冲。

17　西皮是戏曲腔调。明末清初秦腔经湖北襄阳传到武昌、汉口一带，同当地民间曲调结合演变而成。在京剧、汉剧、徽剧等剧种里，西皮都同二黄腔调并用，合称“皮黄”。在湘剧、桂剧等剧种里，西皮又称“北路”，同二黄称为“南路”相对或合称“南北路”。

18　《同光十三绝》是晚清画师沈蓉圃绘制于清光绪年间，展现清代同治、光绪年间徽调、昆腔的徽班进京后扬名的十三位著名京剧演员。十三绝是徽班进京后由演唱徽调、昆腔衍变为京剧的十三位奠基人，又都是技艺非凡的表演艺术家。

秘境打卡

我们常说的“四大徽班进京”是哪四班？

经典传承（任兴立供图）

姚雪松老师带您解锁京城密码

京杭运河，开启国粹之路。汉剧徽班，合为一枝独秀。

我的打卡

运河的烤鸭与茶文化

北京烤鸭，
南方游来美味
舌尖运河，
南北饮食融汇

半透明的荷叶饼皮，卷着连皮的鸭肉，鸭皮中的油脂带着葱丝和酱的组合，醇香的滋味会迅速包裹住您的味蕾。快速抢答：烤鸭是北京特产吗？如果您不假思索地回答“是”，那就大错特错了。这一口北京最赞的地方美食，却是地道的南方特产。

一想到鸭子，总不免与河网密布的江南联系在一起。绍兴鸭、高邮鸭等都是江南地区的代表品种。

因此，大运河北上的运粮船上通常都会带些小鸭苗，一路上有粮有水，鸭子慢慢长大了，抵达通州的时候除了路上船工们吃掉的，剩下的鸭子还能拿出来卖钱。很快就有商人发现了这个商机，希望货船下次能多带些鸭子过来。慢慢地北方就有了鸭子的交易市场。

还有一个说法，因为是明太祖朱元璋爱吃鸭子，他登基后，就把南京的湖鸭和宫廷烤鸭技术一块儿都给搬到了北京。

在明朝嘉靖年间（1522—1566），烤鸭从宫廷走入民间，并分成了全聚德吊炉烤鸭和便宜坊焖炉烤鸭两大流派。

除了美食之外，老北京最爱的花茶也是由运河带来的。在清代的北京茶庄里，来自安徽和福建的“方、汪、张、吴”四大茶商，几乎垄断北京的茶叶市场。清末的时候，汪家在北京有六家茶庄，尤其以朝外关厢的汪正大茶庄和汪正大东记茶庄两家分号最为红火。

除此之外，山西的六必居、苏州的稻香村、沧州的东来顺都是运河上漂来的。

这些都是南北文化交融的结果，大运河不仅把家乡的风味传递到他乡，同时也打造了一条舌尖上的大运河。

秘境打卡

位于菜市口米市胡同的便宜坊烤鸭店，创于明代永乐十四年（1416），相传便宜坊也是随着大运河从南京迁徙而来的。品尝一下老字号美食。

北京烤鸭

姚雪松老师带您解锁京城密码

北京烤鸭，南方游来美味。舌尖运河，南北饮食融汇。

我的打卡

利玛窦是如何来到北京城的

利玛窦进京，
编拼音教数学几何
意大利教士，
绘中国版世界地图

利玛窦，一位意大利传教士，明朝万历十年（1582），30 岁的他漂洋过海来到中国，开启了他开挂的人生。

利玛窦学会中文以后，首先就施展了翻译之功，世界上第一版《论语》《孟子》《大学》《中庸》的外文版本，都是利玛窦老师的杰作。同时，他还把西方的天文、历法、数学、测量、水利等先进科技知识传播到了中国。其中，他和他的中国学生，明朝大学士徐光启合译了欧几里得的《几何原本》，是我国最早的汉译西方数学专著之一，从此改变了中国数学发展的方向。

在他的回忆录中，有过这样的记载：明万历二十六年（1598），他第一次亲身体验到了大运河。他回忆说，有上万只向皇帝进贡粮食的船在运河上往来，为了控制流量，政府禁止私船通行。这可能也是有史以来，第一次由西方人写下的关于中国大运河的记录。

第二次进京，他在回忆录中说，这次他很开心，因为他是奉召而来的。据说利玛窦在通州舍舟上岸之后，走的就是朝阳石板路，也就是现在的朝阳路，进入的北京城。

利玛窦来京给万历皇帝带来了一个非常重要的礼物——《坤舆万国全图》，这是中国历史上的第一张世界地图，也是世界历史上第一张把中国绘制在正中央的世界地图。

其实，利玛窦来中国的时候带了一张《坤舆万国全图》，可那张地图里的中国在右上角的边上，如果把它献给万历皇帝，别说传教了，小命在不在都两说。于是，聪明的利玛窦按原图把大西洋切开，进行拼接，再重新绘制，才有了今天中国版世界地图最初的模样。

后来，利玛窦深得万历皇帝赏识，成了第一位获得北京长期居住权的外国人。此后，利玛窦就再也没有回过意大利，于 1610 年去世，享年 58 岁。被万历皇帝下旨特批葬于北京阜成门外栅栏寺（今车公庄北京行政学院），也成为第一位被允许安葬在北京的外国人。

利玛窦的到来，为“中华文化注入了新鲜的血液”，堪称在历史上对中华文明贡献最大的外国人之一。

秘境打卡 追寻利玛窦足迹，参观利玛窦之墓。

利玛窦像

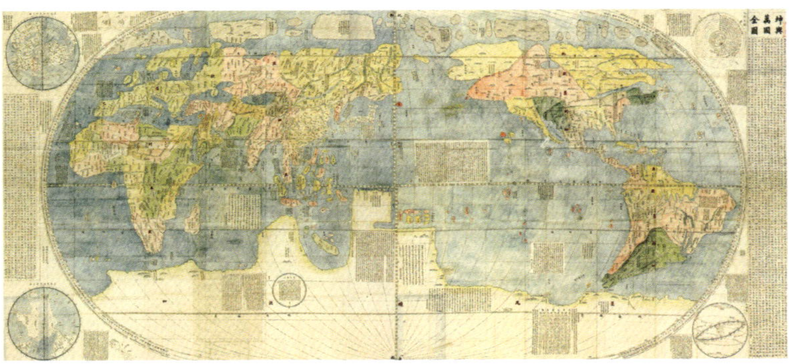

《坤舆万国全图》

姚雪松老师带您解锁京城密码

利玛窦进京，编拼音教数学几何。意大利教士，

绘中国版世界地图。

我的打卡

京剧泰斗，梨园神话——言菊朋

京剧泰斗，
宝剑磨砺出
言派老生，
梅香苦寒来

不是科班出身就不能成为大师吗？

在朝阳区东风乡有一片翠柏，清末京剧著名的前四大须生之一——言菊朋先生就长眠于此。

很多京剧大家在提及言菊朋先生时，都会说，靠刻苦自学而驰名的京剧演员在圈里虽然不少，但是能够像言先生这样，从外行到开宗立派的，简直就是开创了梨园神话。那我们就来看一看，言菊朋先生究竟神在了哪里？

言菊朋出身蒙古正蓝旗世家，祖上世代为官，曾在蒙藏院任职。

说到言菊朋，要从他崇拜的谭派须生泰斗——谭鑫培先生说起。

言菊朋作为谭鑫培的忠实铁粉，可以说是只要有谭先生的演出，他每场必到，手拿着小本本对每一句唱段、每一个身段都做现场记录。久而久之，言菊朋模仿谭先生的唱念做打，手到擒来。他还经常参加一些“玩票”活动，也就是戏剧爱好者们的模仿秀。只要言菊朋台上一开腔，必能赢得满堂彩。

1923 年，梅兰芳准备去上海演出，邀请言菊朋同台。爱戏如命的言菊朋赶紧向单位请了假。虽然演出倒是场场火爆，大获成功，可是一回来，蒙藏院以“请假唱戏，不成体统”为由辞退了他。这次跟梅兰芳先生玩了一场票之后，就彻底改变了他的一生。

打那之后，言菊朋只能“下海”梨园了。但是半路出家的他，隔行如隔山，深知台上一分钟，台下十年功。每次练习，他都要比其他人付出加倍的努力，用他的话来说，干这行没有捷径。每天吊嗓，练习云手、起霸、小五套等，基本功都是必需的套餐，咬着筷子练口齿，对着香烛练眼神。一个动作、一个吐字不合格，他都必须把它练成了才算过关。

短短几年，言菊朋挑班成角儿，票房大卖，而且创立了言派老生。同行对他的评价是：言菊朋唱腔不倒字，虎跳、踢鞋、铁板桥等功都不输科班，不仅标准，而且漂亮，真乃神人也。

这个世间哪有什么神人，言菊朋大师非科班出身，能够成就一代大师，靠的就是勤奋和努力。而这种职场逆袭的经历，值得被世人崇拜和追捧。

秘境打卡 拜谒言菊朋先生墓地，说一说他的成功故事。

言菊朋像

姚雪松老师带您解锁京城密码

非科班出身成就京剧大师，言菊朋教你职场逆袭之路。

我的打卡

04 都城文化

假如没有中轴线，会有我们现在看到的北京城吗？显然这是不可能的，因为从北京的建城设计来说，是先有的中轴线，后有的北京城。中轴线是完全当得起“无与伦比”这个词的，也似乎只有这个词才配得上“中轴线”三个字。就像一个生龙活虎的人，“中轴线”无疑是他的脊椎骨，而他的身体很大程度都是靠这根脊椎骨来支撑的，并且很多辅助的骨骼也是沿着脊椎骨左右对称排列的，借助脊椎骨，他才能方方正正、四平八稳，才能顶天立地。

北京城几经改扩建，虽然这“四四方方”略有变化，但一条贯穿北京南北的中轴线却一直存在，它就像北京城的命脉，伴随并见证了北京城市格局的变迁，也为人类留下了一大笔宝贵的历史遗产。

元大都设计大师刘秉忠

子聪奉命，
打造北京中轴
朝阳土城，
千年古都见证

如果那时候有卫星地图，700 多年前的北京城一定是世界上最闪亮的城市。如果那时候有世界设计师大奖的话，这位出家人应该当仁不让。他不但是元大都的设计者，还是“大元”的总设计师。他就是“子聪法师”——刘秉忠。

第一次见面，弱不禁风的子聪法师刘秉忠就深得忽必烈的赏识。忽必烈清醒地意识到汉化的重要性。这次见面后，刘秉忠奉命还了俗，成为了忽必烈身边的重臣。

粗犷豪放的蒙古铁骑，虽然勇猛无敌，踏遍欧亚大陆，打下了世界最大的版图，可是在治理国家上，似乎没有什么经验可言。刘秉忠对天文、地理、律历无不精通，他当过道士，做过和尚，集儒、释、道三家精华于一身。主政没多久，他就把日朝制、吏制、朝仪、礼仪、科举、选拔与俸禄等制度，为忽必烈安排得井井有条。

1267 年，刘秉忠亲自主持的世界上最宏伟的都城——元大都正式开工，从勘察到设计，建设历时 18 年，于 1285 年验收。这让世代游牧迁徙的蒙古民族尝试着放弃移动的毡房，长年南征北战的元世祖忽必烈从此有了一个草原之外的新家。

在刘秉忠的建议之下，忽必烈取《易经》当中的“大哉乾元”之意，把蒙古更名为大元。这个元既是天的意思，也是万物初始开端的吉祥之兆。自此元王朝开始了虽然不长，却也堪称辉煌的 90 多年的历史。

刘秉忠，奠定了近代北京城最原始的雏形，并留下了一条千古壮美的城市中轴线。其后明清的皇城、内城、外城都是在元大都的基础上修建并保留至今。

700 多年过去了，这座古老的都城经历了无数的变迁，唯独没变的，就是我们脚下这片黄土地和在这片土地上生活的人们身上的那股子精神气儿。

秘境打卡

刘秉忠为现在的北京城建筑奠定了基础，北京尚有一座万宁桥是元代建城的遗物，您知道这座桥在哪里吗?

刘秉忠雕像

小月河（原元大都护城河）

姚雪松老师带您解锁京城密码

子聪奉命，打造北京中轴。朝阳土城，千年古都见证。

我的打卡

世界上最大的古代都城——元大都城垣遗址公园

元代土城，
讲述历史烟云
朝阳古迹，
如今百姓园林

据《元史·地理志》记载："城方六十里，门十一座。"经实际勘察，元大都平面略作长方形，北城墙长 6 730 米，东城墙长 7 590 米，西城墙长 7 600 米，南城墙长 6 680 米，周长 28 600 米。四周辟门 11 座。正南 3 门，分别为文明门（今东单南）、丽正门（今天安门南）、顺城门（今西单南）；北面 2 门：健德门（今德胜门小关）、安贞门（今安定门小关）；东面 3 门：光熙门（今和平里东）、崇仁门（今东直门）、齐化门（今朝阳门）；西面 3 门：平则门（今阜城门）、和义门（今西直门）、肃清门（今学院路西端）。元大都建成时，土墙最高有 6~7 米，墙根最宽处可达 26 米。当年，来中国旅游的意大利小伙马可·波罗，在游记里也盛赞过当时的元大都。

现在北京仍然保留有“冂”形土丘遗迹，俗称“土城”，也是当时元大都所剩下为数不多的一处城墙，极其珍贵。这里就是今天朝阳区的元大都遗址公园。

别小看这么一个土堆，它记录着700多年前世界各国中最大的一张地图。每天，锻炼身体的人们，已经把这里当成了自家的后花园，全北京最多、最大的室外雕塑群，全北京品种最全、最为壮观的海棠花海，都是朝阳区赋予这段土城墙最丰富的文化承载。正是这纯土材质打造的“文物”，串联起了这座古都的文化气质。

秘境打卡

在元大都遗址公园里找一找土丘遗迹在哪里。

元大都城墙遗址

土城遗址

土城城墙外侧

姚雪松老师带您解锁京城密码

元代土城，讲述历史烟云。朝阳古迹，如今百姓园林。

我的打卡

北顶娘娘庙里的娘娘是谁

朝阳古庙，
见证北京奥运
北顶娘娘，
守护百姓太平

在鸟巢向西步行 200 多米的地方，有一个红墙灰瓦，古色古香的小院子，它就是北顶娘娘庙。它很小巧，在周边现代体育场馆的建筑群中显得格外的突出。您知道北顶娘娘庙里的娘娘是谁吗？

这座娘娘庙有 500 多年的历史了。在建筑布局上共有四进院子，依次是山门殿、天王殿、娘娘殿、东岳殿、玉皇殿。这里供奉的娘娘是东岳泰山帝的女儿碧霞元君，全名为“东岳泰山天仙玉女碧霞元君”。

明朝的时候，老百姓对这位碧霞元君的信仰达到了一个鼎盛的时期，因为她不仅是一个生育女神（民间有多子即多福的说法），还可保全一方平安。

因为是从泰山顶上请来的娘娘，这个“顶”字就成了碧霞元君庙宇的统称。北京有五个娘娘庙，都是在明朝时期建造的。人们常说北京的五顶八庙中的“五顶”就来源于此。这五座庙分别位于北京城的东、南、西、北、中五个方位。中顶在草桥，南顶在丰台大红门外，西顶在海淀区蓝靛厂，东顶位于东直门外。那么目前保留最完整的遗存就是北顶娘娘庙。

当时不仅是庙里香火鼎盛，就连庙外面也热闹非常，就像是一个百姓活动中心，场内不仅有表演还有商贸活动，这也是传统庙会的来历。庙会在北京人的生活中扮演着非常重要的角色，是北京传统文化的重要载体，北顶娘娘庙作为北京城中轴线北延长线上的重要标志性建筑，朝阳区的文保部门对它遗存的殿宇一直都在持续修缮，使其成为北京城市发展和文化传承的一种象征和态度。

秘境打卡

北顶娘娘庙是北京风土民俗的一个实物见证，去北顶娘娘庙找“娘娘”祈福。

北顶娘娘庙

娘娘殿

姚雪松老师带您解锁京城密码

在北顶娘娘庙祈福、请愿、求子，500 多年来香火鼎盛。

我的打卡

水立方为啥被北顶娘娘庙刮跑 100 米

钢铁丛中，
古韵双奥北顶
现代朝阳，
历史文化见证

水立方在最初的设计图纸上，是现在北顶娘娘庙所在的位置。为什么它会向北移动 100 米？而且据说在奥运工程动工期间还发生了一件奇事。

2004 年 8 月 27 日下午，“水立方”工地正在进行拆迁准备施工，突然，一股龙卷风席卷了整个工地，将刚刚建好的临时建筑全部摧毁。

神奇的是，这股大风竟然没有对北顶娘娘庙造成损害。

于是有人把这件事跟水立方向北移动 100 米联系起来。

其实两者并无关联，北顶娘娘庙能够留存下来，是出于文物保护的考虑。

1986 年，北顶娘娘庙挂牌为区级文物保护单位，到 1998 年的时候，北京市文物局和朝阳区政府共同出资进行了北顶娘娘庙的抢救式修缮工作，2002 年到 2007 年间，政府部门也做了大量的文物保护工作，直到 2008 年，随着奥运会的到来，北顶娘娘庙才正式对公众开放。

正是经过有关部门的协调和朝阳文物部门的不懈努力，如今，这座快 600 岁的明代庙宇成为了北京奥林匹克中心区最具特色的一道风景。

对庙宇的修缮和保护，并不仅仅是出于对文物的保护。从世界的角度，从国际体育的角度，它更是一个人文奥运的集中体现。

值得骄傲的是，在 2022 年北京冬奥会期间，这里又成了一个面向各国运动员和国际友人展示中国传统文化的重要窗口，跟我们共同见证了冰雪健儿摘金夺银的壮举。

秘境打卡

在娘娘庙中找到万历年间的香炉和宣德年间铸的大钟这两样文物。

北顶娘娘庙

天王殿

四进院遗址

姚雪松老师带您解锁京城密码

揭秘！！十几年前水立方工地大风事件的真相

竟然是它！

我的打卡

05 文物遗迹

北京是一座有着上千年历史的古都。悠久的都城历史，为朝阳大地留下了许多的遗迹，从那些斑驳的痕迹中依稀可辨过去的辉煌。文物遗迹是城市的文化地标，也是延续历史文脉的有形载体。这里有汉藏人民友谊的象征——西黄寺，明清两代帝王祭祀大明之神“太阳”的处所——日坛、顺承郡王府……这一处处写满故事的朝阳历史见证，无一不在述说着中华民族悠久深厚的历史底蕴。

开国大典与神秘的 491 电台

491 台，
建国第一红色电波
朝阳汇聚，
中国最强广电喉舌

1949 年 10 月 1 日，新中国成立开国大典的广播信号通过位于朝阳区双桥的一座黄色小楼同步发送给全世界。

这座神秘的电台始建于 1918 年，历经北洋军阀时期、日伪时期和解放战争时期，见证了我国军阀混战、抗日战争、解放战争等各个重大历史阶段。

1949 年第一季度，中央人民广播电台的前身，北平新华广播电台正式对外播音。而这里就是当时唯一的发射台，491 因此得名，这也标志着新中国人民广播事业的开端。491 电台是一个以明确信号身份对外的广播电台，也是我国第一个大功率发射台，第一个对国际广播的电台，第一个对台湾省广播的电台，第一个使用自己设计架设最高塔的电台，也是中国最大的中短波发射中心，进行过我国最早的长距离无线电通信，最远达到欧洲和大洋洲的电台。目前，这个电台已被列为全国重点文物保护单位。

如今，承载着红色记忆的491电台仍然在朝阳区这片热土上向阳而生，与它近在咫尺的就是被誉为中国广播电视人才摇篮的中国传媒大学，他们将共同陪伴和见证中国之声向世界传播。

秘境打卡

朝阳规划艺术馆内有一个展品是来自双桥附近的一座大型电台，找到它并且拍照纪念。

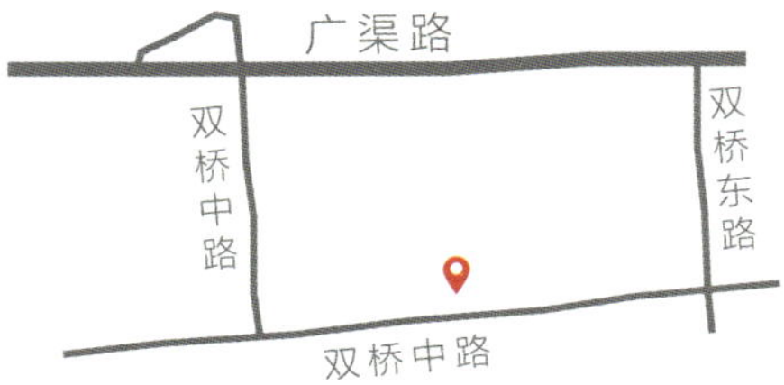

发射机房旧址

工程技术人员住处旧址

官员旧舍

姚雪松老师带您解锁京城密码

隐秘而伟大的 491 电台，让世界第一次听到了中国声音。

我的打卡

金台夕照碑的黄金传奇

古时金台，
招天下贤能
现代朝阳，
聚世界精英

金台夕照应该算是北京最有诗意的地名之一了。

明代所传“金台夕照”的具体地点在何处，很长时间里都未考证清楚。明刘侗等著《帝京景物略》中说：“黄金台名，后人拟名也。其地，后人拟地也。”明蒋一葵著《长安客话》中说：“都城黄金台出朝阳门循濠而南，至东南角，岿然一土阜也。日薄崦嵫，茫茫落落，吊古之士，登斯台者，辄低睠顾，有千秋灵气之想。京师八景有曰‘金台夕照’，即此。”

传说中金台夕照里有黄金，这是真的吗？

话说战国时期，战乱之后的燕国百废待兴，燕昭王为了招揽人才，兴复燕国成就霸业，修筑了一座百尺高台来招贤纳士。这个高台在当时也算是地标建筑了。

燕昭王在这个高台上堆满了黄金，作为他招贤纳士的见面礼。这个举措一下子就风传天下，各国才士争先恐后地奔赴燕国。这就是金台这个地名的来历。

此外，传说中还提到金台地势较高，每到天气晴好，夕阳西下时，阳光就撒满高台。相传有一天乾隆巡视来到这里，偶然间看到这台子上金光闪闪，便御笔题写了“金台夕照”。

然而这么重要的历史见证却一直没有出现在大众的视野中，文物部门几经考古都没有找到它的真面目。直到 2002 年，地处东三环的北京财富中心大厦开工建设，从地下 2 米处挖出了一块巨石，经过文物部门考古挖掘和鉴定，这块巨石就是燕京八景之一的“金台夕照”的直接证据，由此列为一项重大考古发现。

于是，这通石碑就在它出土的地方被重新竖立了起来，它的出土将“燕京八景”全都凑齐了。

虽不见金台夕照当年的景致，但是环绕在它周围的依旧有“金台”的盛景。如今的“金台夕照”碑，把历史和现实的财富衔接起来，这里的外资企业突破 1 万家，占北京市的三分之一，汇集的世界 500 强企业就有 238 家，占北京市的 50%，国际金融机构过百家，占北京市的 70%，根据 2017 年世界商务区联盟发布的《全球商务区吸引力报告》，CBD 排名全球第九、中国第一。金台夕照是今天朝阳、北京乃至世界的黄金之台，实至名归。

秘境打卡

清乾隆十六年（1751 年）御定“燕京八景”为太液秋风、琼岛春阴、金台夕照、蓟门烟树、西山晴雪、玉泉趵突、卢沟晓月、居庸叠翠，当时均刻石立碑并有小序、诗文。燕京八景对后来风光景点的建设产生了巨大影响。

前往金台夕照碑，看一看乾隆皇帝的亲笔题字，畅谈“燕京八景”之盛况。

“金台夕照”遗址现场

金台夕照碑

御题“金台夕照”碑

姚雪松老师带您解锁京城密码

乾隆御笔的“金台夕照”碑，你知道它是怎么来的吗?

我的打卡

朝阳起，万物生——日坛与春分祭日大典

日出东方，
见证大国崛起
朝阳升空，
万物无限生机

日坛，全国重点文物保护单位，是北京五坛八庙之一，建成于明嘉靖十年（1531），是明清两代皇帝祭祀太阳神的地方。

20世纪50年代，日坛被改造成了公园；20世纪80年代前后，朝阳区政府要按照皇家园林的标准，在这里修建了“祭日壁画”“曲池胜春”“西南山水景区”等一批独具风格的景点，并且免费对公众开放，让当年的皇家祭坛变成了今天老百姓的乐园。2011年3月20日，春分，日坛恢复了中断160多年的祭日大典。

日坛的祭日表演是按照清代祭日大典礼制举行的，复原了当时的服装、道具、乐器等。祭日在仪式上虽不及祭天与祭地典礼，但也颇为隆重，文史记载明代皇帝祭日时，用奠玉帛、礼三献、乐七奏、舞八佾，行三跪九拜大礼。清代皇帝祭日礼仪则有：迎神、奠玉帛、初献、亚献、终献、答福胙、车馔、送神、

送燎等九项议程，也很隆重。之所以选择在春分这一天来祭日，是因为这一天北半球的白天和夜晚是等长的，而且从这一天开始，白天越来越长，气温越来越高。在中国，春分祭日这一民间传统已经延续了数千年。

如今的日坛已经告别了祭日敬神的时代，成了人们休闲娱乐的公园。现在每天围绕在日坛周围的有第一使馆区，有国贸CBD，有每天在这里触摸历史的广场舞大妈，还有下棋的大爷以及跑步的白领和老外。除此之外，日坛公园里还有长眠于此的中国共产党早期革命家马骏烈士。

日坛把古朴和现代、历史和未来都汇聚到了一起，可谓“朝阳起，万物生”。

秘境打卡

每逢春分，除祭日大典外，民间还有吃太阳糕、竖鸡蛋的传统习俗。您的家乡在春分这天有什么习俗呢？

北天门

具服殿正殿

宰牲亭

姚雪松老师带您解锁京城密码

大饱眼福！春分这天来日坛，您能看到“祭日大典”！

我的打卡

探秘东岳庙琉璃牌楼

溜须拍马，
拍出永延帝祚
东帝每年，
朝阳神路出没

朝外大街东岳庙门口的正对面，有一座辉煌壮美的琉璃牌楼，可算是北京牌楼界的老大了。东岳庙琉璃牌楼建于明万历三十五年（1607），距今已有400多年的历史了。虽说现在隔了条马路，它却是东岳庙建筑群里的重要组成，所以也叫东岳庙琉璃牌楼。

牌楼北面写有“永延帝祚”，南边题字“秩祀岱宗”，都是希望皇朝能够河山永固、国运绵延的意思。“秩祀岱宗”四个大字的两侧还有两行小字，在左下角写的是内官监总理太监马谦、陈永寿、卢生。由此可知，这座琉璃牌楼是皇宫里的三位太监捐资添建的。

但是民间传说，“永延帝祚”四个字是明朝的奸臣严嵩所写。

盘点严嵩书法遗存：六必居店堂里悬挂的“六必居”金字大匾，北京昌平区沙河镇巩华城北门之“展思门”，天津蓟县的“独乐寺”，还有“天下第一关”。书法家孙熙春表示，“永延帝祚”四字与严嵩书法遗存笔体极其相似，无大异议。

而从琉璃牌楼向南到日坛之间的这条路被称为“神路”。据记载，明清两代每年农历三月二十八日的时候，百姓会把东岳庙里的东岳大帝坐像抬出来巡游。队伍要穿过琉璃牌坊，沿着神路浩浩荡荡走到日坛。百姓也会来这里敬香、赶庙会，祈福迎祥。神路的名字由此得来。

除此之外，每年春分的时候，皇帝也要走上神路到日坛去祭日。随着历史的变迁，这条神路早已成为民间的通道，朝外东岳庙琉璃牌楼也就成了实实在在的过街牌楼。

北京现存的琉璃牌楼已经为数不多了，比较知名的有国子监里面的琉璃牌楼、香山昭庙的琉璃牌楼、北海公园的“西天梵境”琉璃牌楼等。但是这种横跨街道的琉璃牌楼，仅有东岳庙一座，愈显弥足珍贵。

秘境打卡

找一找明嘉靖朝首辅严嵩题写的匾额实物现在都在哪儿。

东岳庙琉璃牌楼（黄天来供图）

日坛《神路》

姚雪松老师带您解锁京城密码

神奇！穿过东岳庙前的琉璃牌楼竟然能当“神仙”，真相原来是这样……

我的打卡

西黄寺里民族团结传佳话

北京白塔，
美丽数它第一
朝阳古刹，
见证民族情谊

有一座北京最神秘的寺院，从建成到现在300多年的时间里，一直到2018年5月才首度对公众开放。它有北京最漂亮的白塔，也是北京最难预约的景点之一：每周只开放两天，每天只接待200名游客。

在很多老北京人的心目当中，西黄寺始终带有一种神秘感。西黄寺始建于清顺治九年（1652），为西藏宗教领袖达赖五世所建的驻锡之所，故又称达赖庙。乾隆四十五年（1780）班禅六世在寺中圆寂，乾隆四十七年（1782）高宗建清净化域之塔以纪念班禅六世，因塔内安葬有班禅六世的衣冠经咒，故又称“班禅塔”。从它自清代建成之后的几百年的时间里从来没有对外开放过。

寺内沿着中轴线，由南到北，分别列有山门殿、大殿、牌坊、东西配殿、碑亭以及藏式罩等三进院落，而且，这座寺庙还有很多不可思议的地方。

第一个不可思议之处就是天王殿内的弥勒菩萨，背后供奉的不是韦驮菩萨，而是达摩多罗居士，这在北京的寺庙中非常罕见。

第二个不可思议的地方是垂花门，尤其是这种三殿式三开金琉璃瓦的垂花门是皇宫里面才有的建筑标准。

最不可思议的地方是大雄宝殿门前台阶正中央的雕龙石板——它就是著名的五龙丹陛石。去过故宫的人都知道，保和殿前台阶的正中央也有这么一块五龙丹陛石，而且只有皇上才可以在这个上面行走。

清净化城塔主塔的四周，配有四座小塔，造型来自印度佛教文化风格。主塔的结构和形制来自我国藏传佛教文化，台阶两侧的浮雕和装饰性的纹样则来自汉地佛教文化。这座宝塔罕见地聚集了三地佛教元素于一体。

乾隆四十五年（1780），六世班禅从青藏高原不远万里来到了京城给乾隆祝寿，并表达了维护民族统一，反对外来侵略的坚定立场。班禅在京期间不幸因病在西黄寺圆寂，乾隆皇帝为此悲痛万分，为六世班禅敕建了这座清净化城塔，用来装藏他的衣冠经咒，以表达对这位爱国佛教大师的哀悼与缅怀。

关于乾隆和六世班禅之间的情谊，西黄寺里的《写寿班禅圣僧并赞》碑就可以作为证明，这是乾隆皇帝为六世班禅所做的一个生日礼物，著名的《祈寿长椿图》。

1983 年被国务院列为汉族地区全国重点佛教寺院，1987 年 9 月，十世班禅额尔德尼·确吉坚赞亲手创建的中国藏语系高级佛学院在西黄寺成立，9 月 1 日，西黄寺佛乐齐奏，中国藏语系高级佛学院隆重举行了首届学员开学典礼。西黄寺这一清朝时期达赖、班禅的驻锡之地，现在除了作为博物馆对外开放之外，还成为培养藏传佛教高级僧侣、佛学研究人才和对外学术交流人才的摇篮。可以说西黄寺的一砖一瓦都在诉说着民族团结的佳话。

秘境打卡 根据文中提示在西黄寺中找到三处最不可思议的地方。

金刚宝座式汉白玉石塔（朱荣供图）

姚雪松老师带您解锁京城密码

北京最神秘的寺院和最美的白塔竟然都在这里，
而且这座 300 多年的寺院只有周末开放！

我的打卡

“铁帽子王”顺承郡王府居然是拆迁户

顺承王府，
历尽磨难
朝阳古迹，
旧貌新颜

位于北京市朝阳公园东隅的顺承郡王府是目前北京唯一一座位于四九城[19]外的王爷府。顺承郡王府的第一任主人是清太祖努尔哈赤的曾孙——爱新觉罗·勒克德浑。勒克德浑因为军功显赫，在19岁就获封顺承郡王，成了赫赫有名的清初“八大铁帽子王”之一。

勒克德浑身为铁帽子王爷不仅爵位尊贵，就连享受的特权都与其他亲王不同，其他亲王子孙继承爵位的时候等级是要降一级的，但是身为“铁帽子王”的子孙完全不用担心降级的问题，他们可以世代继承王爵，并且爵位不降、俸禄不减、荣誉不减。这

19　四九城是指北京皇城的四个城门、内城的九个城门的总代称。皇城四门分别是天安门、地安门、东安门、西安门；而内城的九门分别是正阳门（前门）、崇文门、宣武门、朝阳门、阜成门、东直门、西直门、安定门、德胜门。

座王府里传承了 11 代总共 16 位顺承郡王爷，居住了 270 多年。

1924 年，这座王府成了张作霖在北京的大帅府。大家熟知的少帅张学良和赵四小姐也在这住过很多年。如今，触摸王府的一石一木，没准还能感受到当年张学良和赵四小姐的浪漫爱情故事，顺承郡王府也成了他们爱情的见证之地。

其实，这座郡王府其实一开始并不在朝阳，而是在西城区锦什坊街东侧，只是由于城市快速发展变迁，拆除顺承郡王府提上了议程。对这个重点建筑文物，北京文保部门就采取了“易地搬迁”的办法，将郡王府一比一复建到了朝阳公园东侧。这也是北京的铁帽子王府第一次异地整体搬迁复建。

现如今，“旧时王谢堂前燕，飞入寻常百姓家”，这座融合了东方传统山水布局的郡王府已经成了老百姓休闲、散步、娱乐的好去处。从“铁帽子王府”，到后来又成为大帅府、少帅府，从西城到朝阳，顺承郡王府浓缩了历史的沧桑与记忆。

秘境打卡 前往顺承郡王府寻找赵四小姐和少帅的爱情足迹。

顺承郡王府

姚雪松老师带您解锁京城密码

顺承王府，历经磨难。朝阳古迹，旧貌新颜。

我的打卡

五里桥见证和平解放北平城

北京小村庄，
不战屈人之兵
朝阳五里桥，
和平解放见证

和平解放的号角，居然在这里吹响。

天津解放后，孤守北平的国民党军傅作义部25万人已完全陷于绝境。为了保护这座驰名世界的文化古城免遭战争破坏，中共中央和中央军委力争以和平方式解放北平。在90万人民解放军兵临城下的震慑下，在北平地下党的耐心工作和北平许多开明人士的敦促下，国民党华北“剿总”总司令傅作义接受了解放军提出的和平条件，并于1949年1月21日，签订了《关于和平解决北平问题的协议》。1月31日，人民解放军浩浩荡荡进驻北平城，北平宣告和平解放，平津战役胜利结束。作为这个重要历史时刻的见证，和平解放北平谈判和签约地——朝阳区常营乡五里桥村因此被载入史册。

常营乡五里桥村在新中国成立之前是河北通县的五里桥村，因为它距离通县五里而得名。五里桥村历史上的高光时刻是从1949年1月12日正式开始的，当天有一队解放军战士来到了这里，对张家大院的室内外重新进行了布置。接下来的几天，在此进行了和平解放北平的五里桥谈判。

位于五里桥公园门口的大理石石雕详细记录了五里桥谈判的完整经过。其中，第三次谈判最为关键，1月16日，双方签署了关于北平和平解决的初步协议14条，1月22日，傅作义在《关于北平和平解决问题的协议》上签字并发表了广播讲话。1月31日，中国人民解放军进驻北平城，宣告北平和平解放。

因为在解放战争时期，此类谈判都是秘密进行的，所以新中国成立之后很长的一段时期里，人们并不知道这场重要的五里桥谈判。朝阳区常营乡的一个名叫五里桥的小村庄所创造出的“北平方式”，也被后来的山西大同、湖南长沙等地和平解放所借鉴，客观上加速了全国解放的历史进程。

秘境打卡

五里桥谈判促成北平和平解放，使古都免遭战火涂炭。亲自前往五里桥北平和平解放纪念碑参观，了解和平解放谈判的过程。

五里桥公园

五里桥纪念碑（张海渤供图）

姚雪松老师带您解锁京城密码

北京小村庄，不战屈人之兵。朝阳五里桥，和平解放见证。

我的打卡

王四营的由来与十方诸佛宝塔

北京定都，
四营没少出力
朝阳古塔，
封存历史印记

回想起当年，明太祖朱元璋给自己的 24 个儿子和 1 个侄子分封了 25 块土地。其中北京这块地方给了他的第四个儿子——燕王朱棣。

明朝建文元年（1399），燕王朱棣以北京为根据地，发动“靖难之役”，起兵反抗建文帝朱允炆，夺取侄子的皇位。朱棣在朝阳门外一直到马驹桥驻扎了 72 个营的兵力，其中第四营驻扎地位于北京市朝阳区东中南部，守备姓王，就成了如今的王四营。朱棣以区区 8 万人马打败了朱允炆派来的 50 万大军，信心倍增。可以说，没有这场战役的胜利，就没有后来的定都北京。明永乐十九年（1421）明成祖朱棣迁都北平改名为北京，与南京对应，形成“两京十三布政使司”，此为今名之始。

现在很多人来到王四营，除了能够追寻那段战斗往事，还能够前往王四营古塔公园参观一座十方诸佛宝塔。

明朝嘉靖年间，翠峰禅师在修建延寿寺时，为存放僧众灵骨而修建此塔，故称诸佛。1900 年，八国联军入侵北京，放火焚烧了延寿寺。幸运的是，战火没有殃及这座十方诸佛宝塔。1990 年，十方诸佛宝塔被列为北京市市级文物保护单位。2008 年，朝阳区政府在此又修建了古塔公园，是北京首批建造的郊野公园之一。

秘境打卡

找一找王四营驻扎地旧址，参观在八国联军战火中幸存下来的十方诸佛宝塔。

十方诸佛宝塔

姚雪松老师带您解锁京城密码

北京定都，四营没少出力。朝阳古塔，封存历史印记。

我的打卡

豆各庄百年乡情博物馆，领略砖雕艺术瑰宝

百年祠堂，
豆各庄乡情馆藏
砖雕文化，
朝阳区历史宝藏

张氏宗祠（俗称张翼祠堂）位于豆各庄乡豆各庄村西，1986年，宗祠被列为朝阳区重点文物保护单位，并建有豆各庄乡情博物馆。张氏宗祠始建于清光绪年间，为二进院落，前为三开间金柱大门，带有雀替的两间倒座房，大式硬山筒瓦箍头脊，苏式彩画，磨砖对缝，江米灌浆，大门前的这对汉白玉上马石，足以说明这座宗祠的主人身份不一般。

这座宗祠的主人是清代光绪年间工部侍郎张翼。他本是豆各庄人，为官以后就住到了天津，因为豆各庄是他的老家，所以才在家乡为祭祀张氏祖先而建了这座宗祠。

张氏宗祠的一大特色就是砖雕艺术，砖雕雕刻的手法多样，技艺高超，是平常很难见到的。这里的砖雕有祥禽瑞兽、花鸟鱼

虫、灵草、人物、山水图案等。

中国砖雕制作技艺起源于原始社会。汉代画像砖是墓室预制构件的大型空心砖，是在湿泥坯上用印模印出的各种图像。可是到了明代的时候，砖雕就开始由墓室砖雕发展为民居建筑的装饰砖雕了。砖雕是中国人喜爱的一种雕刻艺术，它把民间实用的美术和建筑装饰艺术结合在一起，是我国建筑史上彰显东方美，浓墨重彩的一笔。

北京砖雕艺术有着严格的构图要求和雕法规则，图案都是以珍禽瑞兽、花鸟鱼虫为主，构图严谨大气，以其古朴豪放的造型和色彩高雅的风格独树一帜，是中国砖雕艺术的四大名单之首，在中国砖雕艺术领域占有重要的地位。

走进豆各庄乡情博物馆，领略一方青砖里蕴藏着的广阔乾坤，感悟中国千年古韵，记录极具中国特色的历史文化记忆和实物资料，在精神的传承和具象的知识宝库中遨游。

秘境打卡

前往豆各庄乡情博物馆，参观张氏宗祠，领略砖雕艺术瑰宝，拍照留念一幅你最喜欢的砖雕花样。

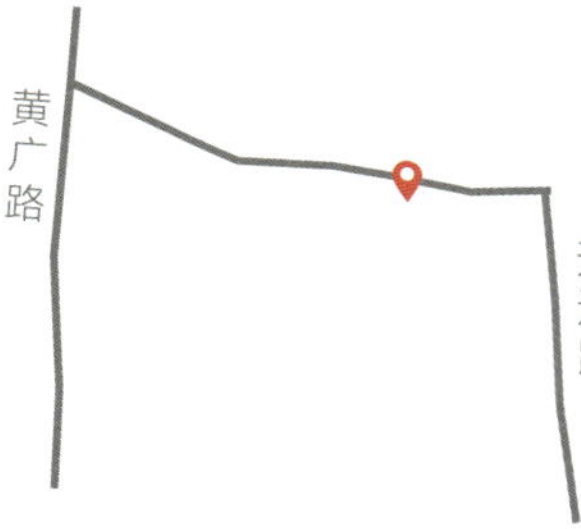

张翼祠堂

一进正房

喜上梅（眉）梢

双雄竹（逐）鹿（禄）

松下对弈

炉（禄）鼎（顶）瓶（平）安

姚雪松老师带您解锁京城密码

百年祠堂，豆各庄乡情馆藏。砖雕文化，朝阳区历史宝藏。

我的打卡

日坛公园缅怀革命先烈马骏烈士

青春岁月，
闪耀生命之光
甘洒热血，
捍卫心中理想

1919 年，五四运动爆发，马骏多次组织和发动学生和各界民众示威、游行、请愿及罢课、罢市等行动，成为五四运动京津地区的主要青年领袖之一。同年 8 月份，马骏被京津学生代表一致推举为学生运动总指挥，率领天津、北京等地 4 500 多人在天安门举行了请愿示威大游行。游行活动中，他英勇无畏，挺身而出，从容被捕，由此得名“马天安”，那一年，他才 24 岁。

五四运动爆发的时候，他们正值青春年华。他们也都踊跃地积极奔走，马骏与周恩来、邓颖超等杰出代表共同发起成立觉悟社，是当时天津反帝爱国运动的领导核心，也是共产主义小组的萌芽。马骏也成为五四运动时期的著名青年政治活动家。天津觉悟社旧址位于天津市河北区三马路三戒里 49 号，是由天津学联及女界的20位骨干成员共同成立的进步青年社。

1920年，马骏加入中国社会主义青年团，之后加入中国共产党，成为中共早期党员，1922年，创办了东北地区第一个中共党组织，1927年，积极开展秘密活动，很快重建北京市委，同年因叛徒出卖被奉系军阀拘捕。1928年2月，马骏在北京英勇就义，年仅33岁。

马骏遇害之后，就被他的夫人及革命群众悄悄地埋葬在建国门外，就是今天的朝阳区日坛公园内马骏烈士墓。

1951年，北京市政府隆重公祭并重修了马骏烈士墓。墓碑由邓颖超大姐亲笔题写。作为第一批朝阳区的爱国主义教育基地，马骏烈士墓在日坛公园中接受着后人的敬仰和缅怀。

他们应那个年代而生，在花季一般的年龄，他们不惜用生命来捍卫心中的理想，中国共产党因青年而开创历史，也将因青年而活力无限。

秘境打卡 游览日坛公园，参观和瞻仰马骏烈士墓，了解革命先烈的英勇事迹。

马骏烈士墓（日坛公园供图）

姚雪松老师带您解锁京城密码

去日坛公园，缅怀马骏烈士，重拾少年中国的伟大理想。

我的打卡

06 考古文化

如果穿越到几十万年前，朝阳区一定是一个水草丰美的平原，古动物们最和谐的栖息地带。从战国时期到今天，朝阳区也一直是人们和谐共生的沃土。这就是文物留给我们的答案。

1984年，在望京街道南湖渠的地下30米砂层中，发现了更新世中期的扁角肿骨鹿头骨残片化石。1997年，建外街道又有更新世晚期的牛头骨化石出土。小红门地区的东汉墓葬，东坝地区魏晋、南北朝墓葬群，以及明清两朝权臣、公主们的墓葬首选之地，朝阳区的地下，一定还会有更多、更重要的发现出现在大众的视线，为你讲述朝阳区的每一个过去。

东坝公主坟埋葬的是清代哪位公主

乾隆树碑，
东坝厚葬爱女
朝阳福地，
掀开历史记忆

2021 年 4 月，在朝阳区东坝后街村的这一片工地上，施工人员意外地发现了三座大型古墓。北京文物鉴定专家说，从发掘出来的物品来判断，一号墓葬的规模比较大，地宫形制是三券一门。从构造还有用料选择上，都能看出墓葬级别非常高。

此次发掘出土的 63 件套文物中，一座驮龙碑印证了专家们的判断：这个墓葬应该是固伦和敬公主和其丈夫的合葬墓。

这位和敬公主就是平安大街张自忠路和敬公主府的主人。固伦在满语里就是“国家和天下”的意思，在清代只有皇后所生的女儿才能被封为固伦公主。和敬公主正是乾隆和孝贤纯皇后富察氏的女儿。

朝阳区发现的古墓非常多，光是公主墓就有十几个。乾隆皇帝对和敬公主非常宠爱，驸马 9 岁的时候就被召入宫中跟皇子一起学习，在乾隆爷的看管下长大。乾隆十二年（1747）三月，和敬公主下嫁科尔沁博尔济吉特氏辅国公色布腾巴勒珠尔。公主府共建房 239 间，用银 29 880 余两。乾隆五十七年（1792），和敬公主去世，与色布腾巴勒珠尔合葬于北京东郊，衣冠葬于今吉林省长春市公主岭市附近其领地内。

秘境打卡

您知道北京哪些地名是由公主墓而来并延续至今？

东坝后街村

驮龙碑

固伦和敬公主坟石狮子

姚雪松老师带您解锁京城密码

乾隆把最爱的女儿葬在北京朝阳区的东坝。

我的打卡

风水宝地朝阳区的考古发现

出土古迹，
坐实风水宝地
文化典藏，
积淀风云岁月

1957 年，呼家楼发现了 3 000 多枚战国时期的古钱币，是当时齐、燕、赵等地流行的重要货币。

从这些出土的战国钱币与魏晋、隋唐时期的出土文物都足以说明，朝阳区在各个历史时期都是先民生活与居住的区域。

1982 年，小红门三台村发现两座东汉墓葬。同时期，东坝乡三岔河村陆续发现了魏晋南北朝时期的墓葬群。

1990 年 11 月，在朝阳区小红门凉水河北岸淤沙中发现五代时期的独木船和陶碗。

2003 年，在京通高速双桥出口北侧发现了四座唐代墓葬。

除了发掘有人类活动的出土文物之外，在朝阳还发现了很多古代动物化石。这足以说明当时这里的气候条件还是非常适于各种动物在这里生活的。

通过朝阳区的考古研究，反映了整个北京发展的轮廓。

随着考古技术的进一步成熟，相信在这片土地上一定还会有更多、更重要的发现进入大众视野，为您讲述朝阳区的每一个精彩华章。

秘境打卡

参观“国家一级博物馆”首都博物馆，了解北京的风土人情。

牛头骨化石

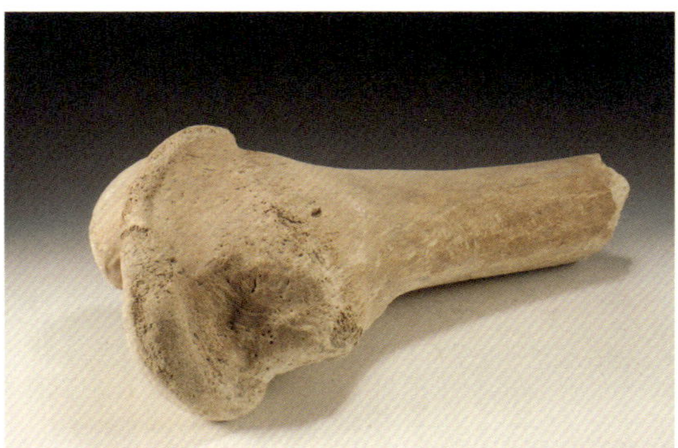

猛犸象腿骨化石

姚雪松老师带您解锁京城密码

惊掉下巴！猛犸象时代，北京竟然水草丰美！

我的打卡

乾隆爱女佛手公主真的长了一双“佛”手吗

公主归处，
自然风水宝地
朝阳沃土，
特产商业奇迹

北京有很多门：东直门、西直门、广安门……而且北京人每天得适应被数字支配的生活：二里沟、三里屯、四道口、五道营、六里桥、七棵树……更让人费解的，莫过于北京有好多带“坟”字的地名：公主坟、八王坟、英家坟、索家坟、铁狮子坟……据统计，这样的地名居然有50多处。其实也不奇怪，北京作为六朝古都历史悠久，皇家墓地不少，老北京人实行土葬，望族大户又讲究厚葬，顾名思义，这些地方就是大户人家的坟地。

但是在国贸附近的通惠河边有一座与众不同的坟，叫佛手公主坟。这位公主是乾隆皇上的第四个女儿和硕和嘉公主。她出生的时候，五个手指中间有肉蹼相连，就跟鸭掌似的。但是身为父亲的乾隆看到之后特别高兴，因为佛祖释迦牟尼的手也有肉蹼相连，所以看到自己闺女跟佛祖的手一样，认为这是大吉之兆。

后来和硕和嘉公主嫁给福隆安，夫妻二人都葬在了这佛手公主坟。现在这个公主坟还在通惠河北路南侧，SKP 商场的南边留存着一个石牌坊。

清朝的祖制规定如果公主下嫁，死后既不能入皇陵，也不能进公婆墓地。数百年来，老北京城外公主墓不计其数。仅在朝阳区内，至少就有 15 座公主坟，分别是建宁公主坟、大山子公主坟、静安庄公主坟、和平街六公主坟、来广营乡公主坟，加上在东坝发现的固伦和敬公主墓及关东店、小黄庄、五里桥、太阳宫、九龙山、洼里等地都有公主坟。

如果您以为在国贸地区只有这一座公主坟，可就草率了。北到关东店，东边紧邻东三环马路，南边紧邻建外大街北侧，西侧又挨着国贸，其实就是以国贸为中心的这个地方，曾经还有一座豫王坟，埋葬的可是清代赫赫有名的爱新觉罗・多铎和爱新觉罗・多尼两位王爷。

在现在的劲松地区还有一个架松坟，这里安葬的可是清代的开国功臣爱新觉罗・豪格。而在大望路往东不远的地方，还有一个全北京都赫赫有名的八王坟，安葬的是清太祖努尔哈赤的第十二个儿子英亲王阿济格。

这片京城日出东方之地，举世公认的绝佳风水宝地。也正是如此，朝阳区才有 110 多处明清两朝王公显贵们的坟墓，给考古和历史研究人员提供了珍贵的实物资料，使得北京这座 3 000 多年的古城更具历史韵味。

秘境打卡

您还知道朝阳区有哪些著名历史人物的墓地？

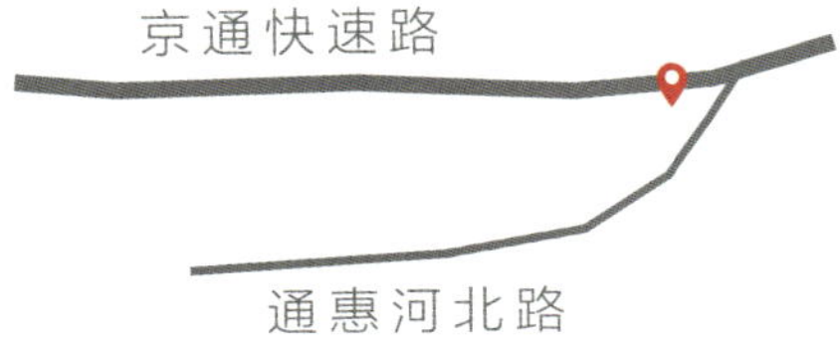

佛手公主坟

姚雪松老师带您解锁京城密码

惊悚！在国贸周围工作，每天究竟是上班还是“上坟”？

我的打卡

07 地名系列

地名在形成过程中，犹如一部小型《史记》。把许多消逝的古迹风物、沧桑旧事及旧时生活形态的蛛丝马迹显露出来。它们有的源自历史事件、有的反映社会生活和经济活动，有的源于民间的约定俗成、方位习俗。通过对这些老地名的了解，可以传承文化，知晓历史，掌握打开古都密码的钥匙。

朝阳老地名杂谈

朝阳地名，
个个出自民间
雅俗共赏，
民俗文化标签

北京很大，我建议您到这儿来的时候，慢慢地走，慢慢地看。在北京的地名中，就能感受到一种文化，有的地名组合起来，就像是一副对联儿。例如，大郊亭、小武基，白家楼、黑庄户，南磨坊、北湖渠，大黄庄、小红门。

还有些地名，连起来像是一组 CP。例如，太阳宫、老君堂，高碑店、酒仙桥，呼家楼、三间房，山东会馆、张翼祠堂（张氏宗祠）。甚至，朝阳的地名还能够排列出一组数字：一间楼、二道沟、三里屯、四公村、五路居、六道口、七棵树、八王坟、九孔闸、十里铺、百子湾、万子营……

朝阳区还有很多地名充满了诗情画意。当您听到金台夕照、芳草地、酒仙桥的时候，是不是感觉有一丝丝风雅的意境？不过，还有很多地名都有一个雅化的过程，秀水街以前叫臭水街，因为原来那里真有一条臭水沟。吉市口在清朝的时候叫鸡市口，因为这里是朝阳关厢最火的贩鸡集市。柳芳，这么好听的地方，过去竟然是养牛的牛房。

雅化地名也是保留原有地名的一种方式，只要听到它就可以唤起心中的一种归属感，还有一股无法割舍的乡愁乡情。

秘境打卡

让你印象最深的地名是什么？讲一讲关于这个地名的故事。

姚雪松老师带您解锁京城密码

叫不出口！北京竟然有这样的地名！你知道几个？留言让我听听。

我的打卡

那个啥……奶子房的由来

朝阳地名，
处处都是文化
古都记忆，
哪来所谓土雅

说到地名，您听到过最叫不出口的地名是什么？

神马路、马桶里、猪窝村、黄泉路……还有一个最让人羞于启齿的地名叫奶子房。

我们把时间拉回到 1 000 多年前。那时的北京叫辽南京，是辽国五都之一。作为游牧民族，契丹人不管到哪里都离不开马奶酒，于是就在北京城外东郊这个地方兴建了一处养马场，生产马奶的饲养基地，取名叫马奶子房。

后来改成了奶子房，并一直沿用到今天。它的位置就在今天朝阳区北部，何各庄以南。

诸如此类的地名，还有琉璃厂是做琉璃的，菜户营就是卖蔬菜的。

还有一些老地名源于地标的作用，如公主坟、八王坟，还有一些直接用姓氏人家，如王家铺子。总之，北京的地名五花八门，民俗气息厚重。

其实地名本身无所谓土和雅，它都是这座城市厚重历史文化的见证，它们的存在能够让现在的我们随时串联起历史的足迹，让古老的记忆变得鲜活起来。

秘境打卡

您知道北京朝阳区还有哪些是雅化地名吗？请找到这个地方的地标拍照打卡。

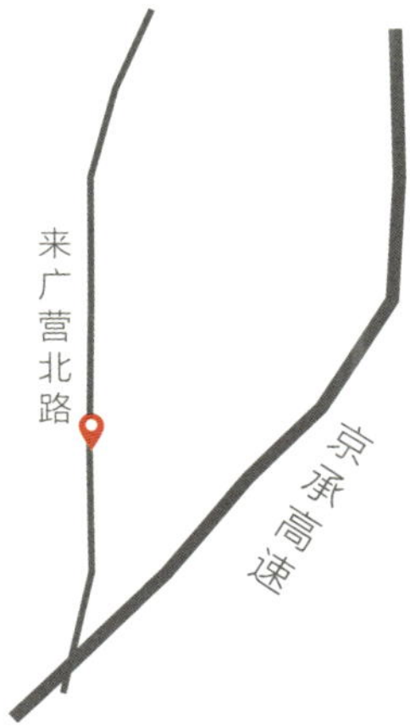

奶子房公交站

姚雪松老师带您解锁京城密码

奶子房这里以前真的有奶喝，而且还是个“俱乐部”。

我的打卡

人气社区劲松的由来

北京工业，
小区成长记忆
朝阳劲松，
老区改造给力

您知道20世纪80年代初，北京配置最高，人气最旺的小区在哪里吗？

为了解决通惠河以南的各大工厂职工的居住问题，一栋栋标准化面积的小区楼房拔地而起。每个小区的标配都有副食店、粮店。这里就是改革开放后北京第一批配置最高、人气最旺的建制小区——劲松。

劲松这个名字是怎么来的呢？

北京地图上之前并没有劲松这个名字，那个时候这里还叫架松坟，并且这座坟的主人是位响当当的人物——清王朝的开国功臣，顺治皇帝的亲哥哥爱新觉罗·豪格，他的墓地上有6棵古龙松树，树下有100多根木桩，用来支撑这颗弯曲横生的树枝，而架松就是用木架支撑的松树的意思。

到了改革开放初期，朝阳区政府工作人员提议把“架松坟”3个字改为“劲松”，巧妙借用了毛主席诗词“暮色苍茫看劲松，乱云飞渡仍从容”。从此，劲松作为地名就正式进入了人们的视野。

1995年，劲松的住宅楼已达198栋，劲松也成了热闹和时尚的代名词。2018年，朝阳区政府首次引进了社会资本对劲松等此类较早建成的老旧小区进行提升改造。改造后的劲松片区紧邻国贸商圈，仍然是北京市人口密度最大的区域之一，承载着新中国居民区成长与发展变化的特殊记忆。

秘境
打卡

寻找架松坟旧址，看看还有哪些历史遗存。

劲松桥（张海渤供图）

姚雪松老师带您解锁京城密码

38 年前，北京第一批配置最高、人气最旺的建制小区，就在这里!

我的打卡

大郊亭与小郊亭的由来

大朝阳两座亭，古今建筑
新北京、新奥运、碧海天空

北京有个大郊亭，紧邻朝阳区东四环，从这里向东四五公里就是小郊亭。从名字上看，这两个地方就像是一对孪生兄弟。但您知道吗？1 000 多年前这个地区可是一片“海”。

在北京，湖、水泊都被称作海子，如什刹海、北海、中南海、南海子，都是这么叫出来的。当年这里水源充足，植被丰富，经常有水鸟、野兽出没，统称为“郊淀”，通常是辽代皇家打猎的好去处。

据说大、小郊亭这两座亭子还是拍马屁给拍出来的。1 000 多年前，辽代皇子经常到这里打猎。随行的人员发现这里地势空旷，没有主子休息的地方，就赶忙派人在湖的东西两侧各修建了一座凉亭。东为小郊亭（今东五环），西为大郊亭（今东四环）。

打那时起 160 多年之后，金卫绍王完颜永济来此狩猎时，把大郊亭的“郊”改成了“交”。时间又过去了 140 多年，蒙古帝国大汗、元代第八位皇帝元文宗孛儿只斤·图帖睦尔来到这里，发现这“交”字怎么没耳朵，一脸的嫌弃，又把耳朵给添了上去。

随着岁月的变迁，此后这里就形成了两个自然村落，就是大郊亭村和小郊亭村，“郊亭”两个字就作为村名保留了下来。

真正让这里刻进北京人记忆中的还是新中国成立之后，1956年，这里与垡头共同组成了北京著名的东南郊化工区，像北京玻璃二厂、北京染料总厂及北京炼焦化学厂等“航母级”的化工企业都聚集在了这里。

1958年，北京化工二厂在大郊亭建厂，接连创造出多项全国第一，是全国第一家采用乙烯法工艺技术生产聚氯乙烯的企业，全国第一家开发出疏松型聚氯乙烯树脂和卫生级聚氯乙烯树脂的化工企业。

时间又跨入21世纪初，北京东南郊化工区启动了全新规划与转型，并在2008年北京夏季奥运会之前完成了200余家污染企业的整体调整与搬迁。这才有了今天的大郊亭，一片片住宅区高楼林立，遍地商场街区的新面貌。

秘境打卡 在历史上这两座亭子确实也相距不远。找一找大郊亭和小郊亭的旧址。

大郊亭桥（张海渤供图）

大郊亭

小郊亭

姚雪松老师带您解锁京城密码

1 000 年前大郊亭竟是一片海，真的有过两座亭子！

我的打卡

时尚地标三里屯为何在历史上多次改名

痴心不改，
屯出世界时尚
朝阳旺地，
三里颜值担当

有很多人想知道，北京潮流时尚地标三里屯中的“三里”是怎么来的？这是因为古人遵循按照道路里程设定地名的方法。例如，六里屯是按照从此地到朝阳门的直线距离六里地来计算的，故三里屯则是因距离东直门三里地而得名。

据《明代地方志文献辑存》中记载，永乐元年（1403），三里屯、六里屯等村皆属东城。由此可见，三里屯这个名字已经存在600多年了。

历史上，三里屯还改过好几次名字。

清军入关之后，多尔衮把正白旗的营房驻扎在三里屯，叫正白旗营。这个名字一直沿用到民国时期，三里屯的名字又被再次启用。

20 世纪 50 年代，三里屯曾被改成“幸福村”，20 世纪 60 年代又叫“东丰硕里”。一直到 1976 年，朝阳区三里屯街道正式成立，这个名字才得以重新回归。

如今“三里屯”已经是北京最潮流的标签。酒吧街、休闲购物、明星、世界各国友人、潮流达人相聚于此，让这个屯成了全北京乃至全国最“屯”的时尚天花板。

秘境打卡

去三里屯感受时尚潮流氛围，找一找三里屯的时尚潮流地标。

三里屯商圈（毛帅供图）

姚雪松老师带您解锁京城密码

三里屯多次更换过名字，在历史上这里竟然是军营！

我的打卡

六里屯的由来与北京城砖的故事

谎粮台，
李诸葛唱空城计
六里屯，
烧城砖只用细泥

六里屯这个名字，来自明朝万历年间，是因为此地距离朝阳门六里地而得名，但是有关这个地方的故事却要从中国历史上最辉煌的唐代说起，于是六里屯就和唐太宗李世民有了关系。

相传，在唐太宗李世民出兵高丽的时候，曾经在六里屯一带屯兵，他沿用了诸葛亮的计谋，在这里安置了一些假的粮仓，唱了一出“空城计”，让他们认为自己有粮草、有兵马，用来迷惑敌人。这就是六里屯“谎粮台”的典故。据《宸垣识略》记载，谎粮台在朝阳关外六里。

从明代开始，官府就非常重视城砖的质量。砖不好，就会导致城池不牢固，那可是关系到城防安危的大事，所以从那时起，很多窑厂出产的城砖都必须在砖身上印上年代、窑厂地址和窑主姓名等信息，出现问题时能够及时追查、问责。有的城砖不仅要提供制造者的信息，还必须提供城砖的种类。

令六里屯真正名声在外的是晚清时期的砖窑，尤其以官方定制的“细停砖”广为人知，六里屯出产的“细泥停城砖”，就是指砖的用料而言的。细泥，就是把泥土浸泡在水中，经过反复过滤，筛出颗粒极细的泥土，制作砖坯，进行烧制。这样制成的城砖不但质地细腻，而且十分坚固。

如今的六里屯，空气清新，美丽宜居。六里屯也成了北京连接城市副中心的重要通道。

秘境打卡

六里屯“细停砖”老砖厂旧址在哪里？北京城拆下的城砖又去了哪里？

六里屯居民楼（张海渤供图）

姚雪松老师带您解锁京城密码

谎粮台，“李诸葛”唱空城计。六里屯，烧城砖只用细泥。

我的打卡

十八里店与小武基的由来

千年运粮河，
养育两岸儿女
朝阳小武基，
变身都市绿地

朝阳地名中有三里屯、六里屯、七棵树、八里桥、九龙山、十里堡等，在这些带数字的老地名里，里程长度最长的就是十八里店了。

相传十八里店村原来有个大庙，在大庙旁边有口古井，古井附近是一家大车店。周边的村民和过路的外地人都会在这口井里打水喝。长年累月，井口就出现了 18 道井绳磨出的深沟，大车店的老板就用这 18 道沟，为他的店取名为十八沟店。后来，有人大概测算了一下从这里出发走到前门的距离，不多不少，还真就是 18 里，从此十八里店的地名就流传了下来。

十八里店乡位于朝阳区西南部，东起老君堂，西至五斗村，北始陈家村，南至祁家庄。历史悠久的萧太后河流经于此，为十八里店留下了好多的历史名村，小武基就是其中的一个。

小武基这个名字距今已经有八百多年的历史，顾名思义，您可能会猜测这里曾是一处军营或者“武装基地”。相传原来这里是元代的集市，正是因为著名的萧太后河，带活了两岸的经济，所以农历每月逢初五，大家都会来到这里赶集。初五的集市就被人叫成了“五集”。慢慢地，因为一个古代谐音梗——“五集”最终变成了“武基”。后来“武基”又分为了东南边的大武基和西北边的小武基。

所以，小武基的由来与军队或武力没什么关系。

不过，在朝阳驻军的各路大将军里，武力值的顶点可真就在咱十八里店——他就是被铁木真视为左膀右臂的元朝开国大元帅木华黎。当年，木华黎奉命攻打金中都，也就是今天的北京，骁勇善战所向披靡，打得金军四处逃窜。后来，为了堵住金军反扑之路，木华黎带领军队就在十八里店一带驻扎下来。他部队驻扎的地方就是现在的十八里店乡吕家营村。

时光拉近，来到20世纪80年代，十八里店乡利用地处城郊的优势，成了首都的“副食品基地”和“菜篮子基地”，供应着首都近四分之一的副食品和蔬菜，一时间，北京市民每吃的七个鸡蛋中，就有一个产自十八里店。1985年，十八里店还率先成为朝阳区首个“亿元乡”。

秘境打卡 前往十八里店乡，找找看还有没有这口大井。

十八里店路（张海渤供图）

姚雪松老师带您解锁京城密码

千年运粮河，养育两岸儿女。朝阳小武基，变身都市绿地。

我的打卡

古代阅兵场——北京将台的由来

北京将台，
自古将军出没
朝阳将府，
千年坝河村落

“燕赵北筑点将台，四方豪杰乘风来。莫向通覆同吊古，从来求士胜求仙。”据史书记载，战国时期，燕昭王求贤若渴，把黄金放在百尺高台之上，用作封臣拜将、招揽天下贤士，之后的燕国也因此由弱小转为强盛。

将台是古代将帅用来驻兵点将、训练军队的指挥台。北京历史文献记载叫“将台”的地方共有六处，其中位于朝阳区的有三处，而今天的将台乡就是历史上传说的前燕开国皇帝慕容儁[20]所修的拜将台。

据说，这个“将台”旧址就在将台洼村西火车站附近。继慕

20　慕容儁（jùn）（319—360），字宣英，鲜卑名贺赖跋，出生于昌黎郡棘城（今辽宁省义县），十六国时期前燕开国皇帝，前燕文明帝慕容皝（huàng）第二子。

容僖之后，明朝大将军徐达和明成祖朱棣也曾在这里筑台练兵，到了明英宗正统年间，皇帝朱祁镇还亲自到将台检阅军队。

到20世纪五六十年代的时候，将军台只剩了一个光秃秃的土包，后来被平整成了耕地。将府公园建成后，园内出现了一座仿古点将台，让这个两千多年的小村庄又有了将军的气魄。

将台，曾经作为北京城郊区域，在农耕社会的犁耙下默默耕耘了数千年。那个过去操练金戈铁马的将台，成为今天操盘经济发展的新星，继续闪耀在朝阳这片热土上。

秘境打卡 寻找“将台”旧址，找一找古代练兵拜将的遗迹。

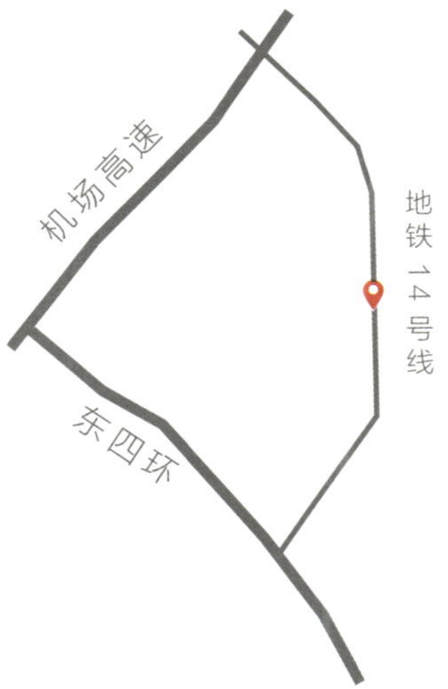

点将台

姚雪松老师带您解锁京城密码

北京将台，自古将军出没。朝阳将府，千年坝河村落。

我的打卡

郎家园的皇家御枣与梁实秋的乡愁

京城郎家，
皇家御供枣园
朝阳旺地，
特产京师最甜

郎家园，在东三环中路和西大望路之间的地段，这个地方竟然因为一颗枣而曾在京城家喻户晓。

据说这里以前是一片坟地，埋葬着一个叫觉罗郎球[21]的人。他是清代一位很有个性的武将，一生跌宕起伏，因战功卓著被封官赏赐。但是这位武将有些莽撞，因"藐视皇威"而被革去官职。不过皇帝念及他的功劳，在他寿终正寝之后仍按照惯例为他举行葬礼，长眠于郎家园。

郎家园能够名声在外还有一个原因，那就是因为一颗枣。

这颗枣的历史可以追溯至元代初年。当年元世祖忽必烈让郭

21　觉罗郎球（1593—1666），满洲正蓝旗人，清景祖觉昌安（努尔哈赤祖父）第三兄索长阿之曾孙，清朝宗室大臣，官至礼部尚书、吏部尚书、户部尚书、刑部尚书、太子太保、少保。

守敬主持兴修水利，为了固河堤和防风沙的双重作用，他在通惠河的两岸引种了不同种类的树木。在众多林木中尤以枣树的生命力最为旺盛。于是枣树被大量引种在郎家园一带。这种枣虽然属于野生的，但是它的果肉呈淡绿色，质地酥脆、细嫩、多汁，酸甜适口，枣味浓郁，非常受百姓的欢迎。到了清代，甚至还进入了乾隆爷的御膳房，更是被慈禧皇太后所喜爱。直到 20 世纪 50 年代，北京市场上还有“无枣不郎家园”这一说法。文学家梁实秋先生在北京居住的院子里就种了一棵郎家园枣树。1981 年，梁实秋的女儿采了一枝挂满青枣的树枝，作为家乡的礼物送给身在台北的梁实秋，才有了文人“青枣一枝传佳话，掀起游魂未了愁”的思乡感伤。

新中国成立之后，为了这颗香甜的枣不绝迹，专业人员在 1985 年前后调查了存于郎家园一带的枣树，跑遍了全区，最终找到了 48 棵。此后，就在这 48 棵树的基础之上，孙河乡建成了一个郎家园枣生态园，我们终于有机会品尝赛过冰糖的正宗郎家园枣了。

秘境打卡 前往郎家园枣生态园，品尝朗家园枣。

郎家园路（张海渤供图）

姚雪松老师带您解锁京城密码

京城“郎家”，皇家御供枣园。朝阳旺地，特产京师最甜。

我的打卡

酒仙桥真的有酒仙吗

朝阳酒仙桥，
酒仙只是传说
新中国电子，
传奇故事更多

酒仙桥这个名字，真的有酒仙吗？

相传很久以前，有一位白胡子老人推着一辆挂着四篓白酒的独轮车，从一座无名桥上过。谁知，小车刚到桥中心，向右一歪，右边的两篓酒“咚，咚”掉进了河里。可是，这位老爷子就像什么事都没发生一样，飞快地推着车，转眼不见了踪影。

就在这时，一股酒香从河里飘上来。有人说这人肯定是来送酒的神仙！就这样，“酒仙桥”的名字就流传开了。

然而，酒仙桥其实跟酒没有半毛钱关系。

清末时期，酒仙桥一带多为窑场和宦官的坟地。有一处赵家坟，墓主人名叫内尼哈，为他守墓的“散拉”[22]叫荣恩祥。当时，

---

22 这些墓地的守墓者称“散拉”，多为满族旗户，旧时居住在东北西三向的三合院里世代繁衍，形成村落。

荣恩祥看到村民们老是被西坝河挡着，必须要绕道东坝河的官桥才能进城，很不方便。于是，在光绪十年（1884），他用修坟的石料在这里修建了一座两柱三孔桥。这就是酒仙桥的前身。

光绪二十年（1894），荣恩祥又集资在桥北修了一座用来停放灵柩遗骨的关帝庙。庙里正殿墙上有八仙的壁画。庙的住持通文理、懂医术，叫巴禹顺，他还在庙内办私塾，教授一些贫苦子弟，就被人们赞为八仙之外的第“九仙”。慢慢地，“九仙庙”的名号就传开了，九仙庙前的小石桥也自然就被叫成了“九仙桥”，于是才有了今天的“酒仙桥”。

秘境打卡 去酒仙桥上走一走，您知道酒仙桥还有哪些传说故事吗？

酒仙桥（张海渤供图）

姚雪松老师带您解锁京城密码

朝阳酒仙桥，酒仙只是传说。新中国电子，传奇故事更多。

我的打卡

皇家御道太阳宫的由来

北京太阳宫，
盛产宫廷芍药
朝阳黄土地，
昔日皇家御道

在哪里都能看见太阳，大北京为什么就这里叫太阳宫？这就得从清代说起，太阳宫是皇帝们去承德避暑山庄的必经之路。相传有一次乾隆巡游路过此地，正好一轮朝阳从东方升起，给脚下的这座村庄披上了一层金纱和紫雾。乾隆被绚丽的景色吸引了，即兴赐名小村叫太阳宫。

有一天乾隆皇帝到太阳宫施香经过一家小店铺，看见一位老者正在打理盛开的芍药花，于是皇上立马就给花店赐名叫芍药居，后来也成为此地的地名。

据太阳宫的一位老人回忆说，他小时候总听大人们讲，亮马河床原来就是一条大道，叫南大道也叫御道，有水的时候这御道就是河床，没水的时候就走人，走车。

太阳宫除了是御道之外，还曾经是清代朝廷的春场。《燕京碎石记》中有这样的记载，立春先一日，顺天府尹和官员至东直门外一里迎春。

另外大名鼎鼎的东顶娘娘庙也在这里。东顶娘娘庙，俗称行宫庙，位于东城区东直门外今华都饭店南，因庙侧有一株数百年的老榆树，顺义、通县一带人又称这里为“孤榆树庙”，现已无存。1949年，东顶娘娘庙尚残存，后作为太阳宫生产队牲口棚，渐渐地消逝于城市的变迁与改造中。

1956年，国家征地兴建北京电影制片厂等，部分住户搬迁至太阳宫地区形成太阳宫北村、小关居民区。

随着时代的发展变迁，如今，太阳宫地区的古迹和村落几无可寻，取而代之的是现代化的崭新高楼、优美公园及便捷交通。

秘境打卡 太阳宫村内还有一个古庙，庙里供奉着太阳神，试着找到这所古庙遗迹。

太阳宫公园（李学峰供图）

姚雪松老师带您解锁京城密码

北京太阳宫，盛产宫廷芍药。朝阳黄土地，昔日皇家御道。

我的打卡

风水宝地、皇家花园——来广营

风水宝地，
早在九千年前
朝阳蓝营，
自古皇家花园

在北京，叫“营”的地方有很多。朝阳区带“营”的地名有20多个，而在这20多个“营”中，来广营就独占4席。想不到吧，来广营这个名字居然是个谐音梗！

来广营，正是清朝正蓝旗的军营所在地，被俗称为“蓝营”，后来谐音变成了“来”营，再后来，又被叫成了来广营。此外，在来广营辖区内还有红军营、清河营和勇士营。

据《北京考古四十年》记载：“1956年，在朝阳区立水桥，曾出土过柳叶形细石器和石片。”这就证实了来广营立水桥村在新石器时代出现了原始部落。

明清时期，在来广营的高等级墓葬数不胜数。现在可以查到的就有清代将军傅尔丹墓、领侍卫内大臣苏尔达墓、乾隆的启蒙老师太子太保一品墓、明代瑞安大长公主墓、明代驸马蔡震祖墓、清末大臣启秀墓等。

除此之外，明清时期大名鼎鼎的皇家园林“四苑”，来广营北苑也独占一席，就是位于现在的来广营西部，北起立水桥，南至北土城东路的区域。

称来广营是风水宝地，其实就是人与自然和谐共处之地。

秘境打卡

实地寻找来广营古迹，两座清代所建之庙：一为娘娘庙；二为关帝庙。

护国天仙圣母庙

姚雪松老师带您解锁京城密码

风水宝地，早在九千年前。朝阳蓝营，自古皇家花园。

我的打卡

你知道的 CBD 和你不知道的“大北窑”

昔日窑厂见证工业时代
今日国贸构筑商业奇观

北京有很多地名都带一个“窑”字。

难道老北京是一个大工厂吗？北京的砖窑是在明朝的时候多起来的。明永乐四年（1406），朱棣在工部设了五个厂，其中唯一一个窑厂就位于现在的陶然亭公园的北侧，专门烧制城砖。因为这个窑厂烧制的城砖是青灰色的，俗称黑砖，所以这个窑场也被人们称作黑窑厂。

相传，有一家姓刘的窑主世代烧窑，他们家烧出来的砖瓦成色好、不容易碎，市场口碑非常好，人们纷纷慕名而来。随着窑厂附近的人气越来越旺，渐渐形成村落。这就是刘家窑的来历。

明朝的砖窑，现在丰台区的卢沟桥地区也有两个，即大瓦窑和小瓦窑。

北京以窑为地名的还有崔家窑、鲍家窑、邓家窑、严窑、魏窑等。这些地方都是根据窑主的姓名命名的。

这么多带窑的名字当中，最有名的当属大北窑。关于大北窑这个名字的来历，史料中有这样的记载。

出建国门向东北方向三里，这里地势广阔，土质细腻，向来烧得好砖。多年以来，这里的砖窑密集，其中最大的呢，就是在北边的一座大窑，烟囱高耸，远远就能看到。人们到这里来，都是以这座大窑作为标记物，久而久之，“大北窑”的名就被叫开了。

大北窑烧砖的烟囱一直矗立到新中国成立之前。20 世纪 60 年代，这里又拥有了一个新的称呼，叫北京工业的“铁十字”：机床厂、齿轮厂、汽车制造厂……沿着马路一字排开。雪花冰箱、井冈山轿车，这些老北京记忆深处的片段都是在这里诞生的。

改革开放之后，有人预言，这里是长安街东端的终点，是东郊进入城区的主干道，南来北往四通八达，过去曾是“兵家必争之地”，将来一定会是“商家必争之地”。

1990 年，从国贸一期大厦建成的那一天起，这里便开启了翻天覆地的变化。老工业基地一排排的烟囱被林立的写字楼取代。从那个时候开始，这里拥有了一个新名字，中央商务区，也就是 CBD。

30 多年过去了，如今的 CBD 中心区每平方公里的 GDP 可以达到 942.6 亿元。当年的“铁十字”完美转身，成为今天的“金十字”。

早就是顶流的国贸 CBD 没有停下脚步，它将对标世界 CBD 前三的伦敦金融城、纽约曼哈顿、东京丸之内。虽然城市在发展，但是这些古地名依然完好地保留下来，它们就像是一个个见证者，默默地陪伴着这个城市，走过千百年的光阴。

秘境打卡

前往国贸桥附近，找一找大北窑的“铁十字”工业遗迹。

展翅　　照于 1993 年（刊于 1994 年 1 月 21 日《北京日报》）

2018 年 5 月

国贸桥畔的变迁（宋文林供图）

北京 CBD（CBD 供图）

姚雪松老师带您解锁京城密码

长知识！北京带“窑”的地名有很多，如今最“金贵”的要数它！

我的打卡

08 双奥文化

2022年，北京冬奥会的圣火再一次在北京中轴线上点燃。俯瞰今日北京，六年多的冬奥筹办与城市发展同频共振。从一座座“双奥场馆”的焕然新生，感受着千年古都的全新脉动。奥林匹克公园中心区，曾举办夏奥会曲棍球和射箭比赛的场地，充满科技含金量的国家速滑馆“冰丝带”拔地而起。国家游泳中心“水立方”、首都体育馆，这些家喻户晓的夏奥场馆经过升级改造，切换到“冰雪模式”，承担新使命、焕发新光彩。

北京成为世界唯一举办夏奥和冬奥的“双奥之城”。朝阳也再一次因奥运焕发出新的活力，为冬日的首都搭建了一座相约北京，倾听中国，连接世界的桥梁。一起向未来，让我们共同见证“双奥之城”撰写崭新历史。

鸟巢里藏着建筑兄弟们的小秘密

朝阳鸟巢，
唯一双奥开场
世界目光，
聚焦北京冬奥

鸟巢最初的名字并不叫“鸟巢”，而是在方案提交的时候，为了便于描述特点引用过英文“鸟巢”的说法。可最后到底是谁从文件中把“鸟巢”摘出来的，已经无从考证了。但您别忘了，人家的官方名称还是：国家体育场。

2007 年，“鸟巢”被美国《时代》周刊评为世界十大建筑奇迹之一。2014 年 6 月，“鸟巢”入选中国当代十大建筑。

那么，鸟巢究竟有多少个世界第一呢？

它是世界上跨度最大的钢结构建筑，

拥有世界上最大的透明顶棚，

是世界上最大的环保型体育场，

是世界上疏散时间最短也是最安全的体育场，拥有世界上最好的运动草坪。

除此之外，还有一个秘密：这里的每根钢梁上竟然都刻有名字。

这到底又是怎么回事呢?

在“鸟巢”无数根柱子的焊接过程中，可爱的焊工师傅们，在优质高效完成任务的同时，都把自己的名字镌刻在焊缝边上，他们认为这是非常有意义的。虽然公众可能没有机会看到，但他们的功勋将与鸟巢同在。

此外，鸟巢是世界上维护和赛后利用最好的体育场。2008 的鸟巢，让中国文化走向了世界，尽显了大国的风采。2021 年，中国共产党建党 100 周年庆典在这里隆重举行。2022 北京冬奥会，世界的目光再一次在这里聚焦!

新北京、新朝阳、新奥运的圣火将熊熊燃烧在鸟巢的上空。

秘境打卡 逛一下北京奥林匹克森林公园，与鸟巢合影。

国家体育场（鸟巢）

姚雪松老师带您解锁京城密码

朝阳鸟巢，唯一“双奥”开场。世界目光，聚焦北京冬奥。

我的打卡

水立方摇身一变冰立方

朝阳蓝盒子，
双奥闪亮登场
国家游泳馆，
冰水皆可立方

一张 A4 纸的厚度大约是 0.1 毫米，三张 A4 纸的厚度大约 0.3 毫米，可以用笔尖轻易地戳一个洞。

水立方采用的外膜是一种无色透明的颗粒状的结晶体，是一种典型的非织物类膜材，它是目前国际上先进的膜材料。这个膜最大的特点就是薄，还没有三张 A4 纸厚。水立方薄膜的厚度大约只有 0.25 毫米。

水立方是世界上最大的膜结构工程，所用的薄膜铺设面积达到了 10.5 万平方米，相当于 14 个标准橄榄球场那么大，别看它这么薄，但是在承重方面，别说是站上一个人了，就是一辆小轿车停在上面也没问题。

2022 年 2 月 4 日，水立方就会摇身一变成为冬奥会冰壶比赛场馆——冰立方。您别看冰字比水字只是多了两个点，但就是这两个点实际操作起来充满挑战。这堪称世界上最大胆的水改冰工程：首先要把泳池里的水抽干，保留水立方原有的泳池，然后在上面搭建钢架和支撑结构。钢架不仅要平整，还要具备赛后可拆卸还原成水立方的功能。说白了就是给泳池盖个盖子，在盖子上面浇冰。

泳池的盖子盖上之后，还要给冬天的冰立方穿上一层外套，就是在里外两层薄膜之间，再加上一层只透亮不透光的膜来隔绝热量，降低能耗。

这种做法既环保低碳，又能使比赛选手不受冰面强光反射的干扰。

在北京中轴线北延长线旁边的水立方，成为奥运史上第一个在水上赛事场地举办冰上赛事，同时还保留了冬夏两届奥运遗产的双奥场馆，可以说它打造了世界游泳场馆多元化利用的中国模板。

秘境打卡 您知道冰立方还有哪些令人惊叹的黑科技吗？

辉煌之夜（孙玉芬供图）

水立方一角

姚雪松老师带您解锁京城密码

朝阳“蓝盒子”，双奥闪亮登场。国家游泳馆，冰水皆可立方。

我的打卡

大屯变身世界屯

大屯屯兵，
兵家必争之地
朝阳双奥，
奥运史上唯一

大屯，一听这个名字就觉得接地气，它是一个世界屯、奥运屯。历史上的朝阳区大屯，虽然与耕种也有点关系，但这个地名的主要来历是因为从宋朝开始，各朝各代的军队在此屯兵、囤积粮草而得此名。

据记载，宋朝著名将领杨业，也就是《杨家将》中的杨老令公，就作为宋军统帅来过这里。大屯一带也曾是重要的战场。公元979年，宋军北伐时，曾在幽州北部的高粱河与辽军发生过激战。

就连清朝的王公贵族们，有时也会来大屯寻找些刺激。相传雍正皇帝有一次来这里打猎，突然窜出一只花斑豹，被他当场射杀。之后，这里还真就盖起了房舍，开始豢养豹子、老虎、飞鹰等飞禽走兽，供皇家打猎取乐，它就是今天大屯地区的豹房。

2008北京奥运的到来，把这片曾经的田地、村庄划进了奥运会的大家庭中，2022年，大屯再与冬奥会结缘，喜迎世界冰雪盛会。这个世界屯、奥运屯也将再次名扬天下。

秘境打卡

找一找大屯路标，领略 2022 北京冬奥风情。

大屯路（张建文供图）

姚雪松老师带您解锁京城密码

大屯屯兵，兵家必争之地。朝阳双奥，奥运史上唯一。

我的打卡

城中村变身奥运村，洼里乡“带光环”的拆迁

北京小村，
洼里力挺奥运
人文奥运，
人人共同参与

2001 年 7 月 14 日，在北京成功申办 2008 年夏季奥运会的第二天，洼里乡的村民那和利和他的父亲就做好了随时搬家的准备，用他的话说：“申奥成功了，也就意味着我们也将搬离世代生活的故土。”

2002 年，那和利和他的父亲也是第一个搬出了洼里乡老房子的人。为了更好更快地完成 2008 北京奥运场馆建设，洼里乡一共拆除了 3 974 栋房屋，关闭了 148 家企业，迁走了 2.3 万人。这才有了 2008 北京奥运会的辉煌。

2008 年 8 月 8 日，在奥运会开幕式的火炬传递中，那和利作为第 60 棒火炬手，带着父亲的照片跑完了 200 米的路程，实现了父子俩迎接奥运的愿望。

历史上这里曾经是仰山洼内的一片沼泽地，盛产水稻。在清光绪三十四年（1908）的时候得名“洼子里”，1947 年改为“洼里”，是远近闻名的鱼米之乡。如今，在面积 12.15 平方公里的奥林匹克公园中，有 9 平方公里的地方是属于洼里乡的。

2004 年，洼里乡更名为奥运村。但是，洼里的历史并没有因此而被遗忘，现在她将以一个新的文化符号，继续篆刻在首都的大地上。

秘境打卡

打卡奥运村，追寻洼里的遗迹。

奥林匹克公园（张海渤供图）

奥森公园倒影（刘君供图）

姚雪松老师带您解锁京城密码

北京小村，洼里力挺奥运。人文奥运，人人共同参与。

我的打卡

一根线决定一座城

北京中轴，
千年古都龙脉
朝阳新轴，
延续首都精彩

还记得2008年北京奥运会开幕式上，29个大脚印走的是哪条路线吗？

2008年8月8日的那个夜晚，第29届北京奥运会开幕式上，沿着北京29个大脚印，从永定门一直走到鸟巢。从南到北的这条线就是著名的北京中轴线。

北京有3 000多年的建城史，近900年的建都史。它严整、对称的格局，在世界上也是首屈一指的。而支撑整座城市的“脊梁”，则是这条贯穿南北的中轴线。

这条贯穿外城、内城和紫禁城的中轴线有多长呢？如果您的答案是全长7.8公里，只答对了一半。其实，早在2008北京奥运会时，这条中轴线就已经开始向北延伸。

仰山公园的山顶，就是中轴线北延长线上一个非常重要的标记点，海拔大约是 86.5 米，是人工堆砌起来的北京中轴线“最高峰”。更有意思的是，它和故宫北端的“景山”组成了北京中轴线的 CP——“景仰”组合。

据说从奥林匹克公园的中心点向北一直走到仰山的山顶，这个距离正好是 5 000 米。这个数字恰恰象征着中华上下 5 000 年的文明。

一条中轴线托起了北京近 900 年的龙脉，这条北延长线又延展出了它波澜壮阔的发展。新、老中轴线把这座城市从古到今的文化内涵生动地串联了起来。

秘境打卡 去奥森公园健身，找一找中轴线的相关标志物。

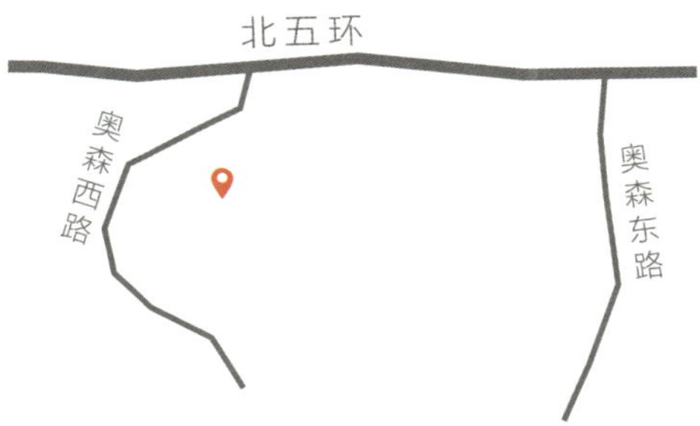

奥森湿地（孙玉芬供图）

姚雪松老师带您解锁京城密码

北京中轴，千年古都龙脉。朝阳新轴，延续帝都精彩。

我的打卡

冬奥新宠“冰丝带”

北京奥体，
新宠速滑馆
双奥朝阳，
速度冰丝带

国家速滑馆又称为“冰丝带”，位于北京市朝阳区近奥林匹克公园林萃路 2 号，是 2022 年北京冬奥会北京主赛区标志性场馆、唯一新建的冰上竞赛场馆。不少人可能会问，为什么要新建一座速滑馆呢？

这就要从体量说起，大道速滑比赛需要 400 米一圈的冰道，而 2008 北京奥运会的场馆中除了鸟巢之外，没有一个可以承载 400 米一圈的大冰面，而鸟巢又是没有顶棚的露天体育场，所以，“冰丝带”成了奥体公园内唯一的新宠。

“冰丝带”的外立面就像是由一根根丝带状玻璃幕墙环绕组成的，而在这 3 360 块玻璃幕墙的玻璃中，只有两块玻璃的尺寸是完全一样的。远看又像是速滑运动员高速运动时候 22 圈风驰电掣的轨迹。而这 22 条丝带，恰恰是 2022 年冬奥会的年份象征。

在冰丝带内部，是一整块 1.2 万平方米的冰面，这是目前亚洲最大的冰面了。为了致力于碳中和，在技术上冰丝带及首都体育馆等 4 个冰上场馆还首次使用目前世界最先进的二氧化碳制冷剂制冰系统，可以非常精确地把冰面温度控制在 –8.5 ℃，从而给运动员提供一块温度传导最均匀，表面最平整、最光滑的赛道。

为了提高 1.2 万人同时观看比赛的体验感，冰丝带在五个不同的区域，各吊挂一个重 30 吨的超大屏幕，保证每个角度的观众都能同步看到赛事的所有细节。

最后要告诉大家一个小秘密：如果“冰丝带”完成包括运动员上场口在内的所有冰面的话，在全面制冰的情况下，它将是世界上最大的室内冰面了，赛后可以容纳约 2 000 人同时上冰。

秘境打卡

2022 北京冬奥会结束后，前往“冰丝带”游览，参加国家速滑馆组织的各项文体活动。

冰丝带

姚雪松老师带您解锁京城密码

北京奥体，新宠速滑馆。“双奥朝阳”，速度“冰丝带”。

我的打卡

北京工人体育场彻底重建旧貌换新颜

工体见证，
新中国体育岁月
朝阳承载，
几代人运动风采

一提到北京工人体育场，一定会唤起很多北京人的青春记忆，然而旧工体已经退场，现在这里已经成为一个大型的施工现场。这样规模的拆除和重建，将是工体历史上规模最大的一次改造性复建。预计 2022 年年底完成竣工验收，新工体即将以崭新的面貌呼之欲出了。

历史上，北京工人体育场曾有过三次重大翻修：第一次是为了适应第 11 届亚运会的比赛需求，对它进行了为期三年的大规模改建；第二次是在 1994 年为了争夺奥运会举办资格；第三次是因为要满足 2008 北京奥运会拳击和足球比赛场地标准。

从以往的经验来看，工体每次翻修都是为了一些大型赛事的举办，那么这一次的彻底复建工程又是为了什么呢？

从工体诞生之初就注定了它的不平凡，从1958年开始仅仅用了一年的时间，就把它建造完成了，同时在当年成功举办了我国第一届全国运动会，它的建成填补了当时我国未曾拥有世界先进水平大型体育场的空白，也开创了新中国体育事业发展的新纪元，成为跟人民大会堂同岁，新中国成立十周年的重要建筑之一。

从开始建造落成的那一刻起，工体就成为我国综合国力的一个缩影，在工体投入使用的60多年的时间里，这座体育场一共举办过5届全运会、1990年亚运会、2001年大运会及2004年的亚洲杯，更有不计其数的足球赛是在这里举办。可以说工体是中国体育发展与进步的重要见证者。

今天的工体不仅仅是体育场馆，它还是集体育文化、娱乐、餐饮、文创等为一体的市民活动中心。同时，北京法国文化中心、西班牙文化中心及伦敦市长办公室等国际机构也都设在了这里。工体已经成为国际性的文化交流中心。

秘境打卡

完工后去参观一下新工体，找一找新旧工体的时空联系。

北京工人体育场（赵瑞供图）

姚雪松老师带您解锁京城密码

重磅！！与人民大会堂同岁的它，这次要搞大事情了！

我的打卡

09 非遗文化

朝阳区拥有很多项国家级及省市级的非遗项目。在走访的过程中，我们被传承人的执着所打动。

这一代非遗传承人并非迫于生计才学习和继承祖传技艺，在成为传承人之前他们都有体面的工作和其他专业背景。所以，他们身上有着更多的对传统技艺本身文化层面的思考，于是更多地影响了他们对于自身传统技艺的理解和展现。

南城大沙燕的第四代传承人哈亦奇先生，学习油画出身，虽然从小对于父辈的风筝手艺耳濡目染，但是继承手艺还是18岁以后，出于对家族手工技艺在改革开放后突然展现出来的新的市场需求而开始介入的。而最终让风筝展现出传统艺术价值的，是哈先生近年来在父亲的提示下，着手整理绘制家族风筝手艺170多年积累的图谱和技术资料的过程中深刻感悟出来的。这种价值已经完全跳出风筝作为飞行工具的传统相貌，成为集文化、手工艺、绘画艺术于一身的全新的人类艺术形式。这是传承人对家族手艺的一种全新的诠释，将使得人们对它的理解不受地域和文化的限制。

点翠传承人肖玉妹女士，从小深切体会到父母亲手工作坊中打造手艺的种种艰苦，父母也并不愿意让自己的孩子重新经历自己的不易。她在申报非遗项目成为传承人时，也促使她对于这门家族手艺开始学习和理解。目前，作为非遗传承人，肖女士正在深入挖掘点翠艺术跟人类古老的羽饰文化之间的渊源，并且已经取得进展。而这也让她深深爱上了这门家族传承，并深深地沉浸其中。

在朝阳区非物质文化遗产代表性项目中，有非遗代表性项目127项，其中10个项目被列入国家级非遗代表性项目名录，20个项目被列入北京市级非遗代表性项目名录。非遗代表性传承人89人。其中国家级非遗代表性传承人6人，市级非遗代表性传承人12人。

他们正在通过自己的努力，让这些老手艺传承，更使这些源自中国的古老智慧完美展现出人类进步成长的文化价值。

孙河绝活舞动京城

孙河绝活，
孙悟空百年传承
民间文化，
十三档舞动京城

朝阳区的孙河乡，古称孙侯，那这个孙侯和《西游记》中的孙猴儿有没有关系呢？

还真有，虽然只是小说故事、神话传说，但孙悟空的一身本领，在孙河的民间已经传承了四百多年了。

一根金箍棒，在孙河苇沟子弟——五虎棍调香会会首邵玉田先生的手中，使得可谓炉火纯青。据说，这身绝活是从明朝万历四十四年（1616）承启下来的，名曰五虎棍，而且在传承中，人家供奉的祖师爷正是有着72般变化的斗战胜佛——孙悟空。

据邵玉田先生介绍，因棍长齐眉，所以也叫齐眉棍。五虎棍的动作难度非常高，而且配合紧凑，场面惊险刺激。使棍的演员也要有扎实的武术功底，棍法分为架势棍、少林棍、跟头棍和藤排棍 4 种类型。表演套路分为 72 套，多达 420 个定式，散打套路更是多得不可胜数，是北京民间传统香会鼓幡齐动十三档[23]中排在开路打先锋之后的第二档节目——五虎紧跟行，在北京民间享有盛誉。

香会也叫花会，始于明朝的一些祭神修善的民间社团组织，在庙会时举办的民间活动，可以分为文会和武会两类。文会是给庙里和香客做善事的群体。武会则是以杂耍、表演、各种绝活，为香会带来热闹氛围的演艺队伍。这里的幡鼓齐动十三档就属于武会，包括开路、五虎棍、高跷、中幡、狮子、双石头、杠子、石锁、杠箱、天平、花罈、吵子和胯鼓 13 种演艺形式。

孙河在北京市传统花会领域久负盛名，是北京市已知香会中史料最全、最具有代表性的香会，被誉为研究中国传统民俗文化、道教信仰及花会发展的活标本。2014 年 12 月，孙河还取得了文化部评定的“中国民间文化艺术之乡”荣誉称号。

23　幡鼓齐动十三档是一种古老的传统民俗文化活动，将在庙会期间民俗区内上演。十三档花会，又称十三堂花会，“档”或“堂”都是指一个具体的表演项目，如“一档（堂）高跷”“一档（堂）舞狮”，而不管这个项目里包括了几支同类型的表演队，纵然有十支高跷队，仍然叫“一档（堂）”。只有十三个项目齐全了，才叫一个整合。如果只有八堂或六堂时，则叫半堂会。

秘境打卡 去东岳庙庙会活动，观赏幡鼓齐动十三档表演。

东岳庙庙会（李治国供图）

姚雪松老师带您解锁京城密码

孙河绝活，孙悟空百年传承。民间文化，十三档舞动京城。

我的打卡

300 年“地秧歌”扭进国家级非遗

小红门地秧歌，
非遗传承进学校
老传统新流行，
连敲带打好热闹

说起秧歌，大家一定不陌生，它是北方地区广为流传的一种民俗舞蹈，极具地方特色。其实在民间把秧歌分成了两类：一种叫“高跷秧歌”，另外一种不踩跷的表演叫“地秧歌”。

这里要说的是，拥有 280 多年历史，流传于北京市朝阳区小红门地区的一种传统的地秧歌舞蹈，全称为“太平同乐秧歌圣会”。

小红门地秧歌最早于乾隆二年（1737）出现在妙峰山，在北京是独一份，成为幡鼓齐动十三档中第三档的表演节目，有着自己独特之处。

2011 年，小红门地秧歌被列入国家级非遗名录。作为北京地区保存最完整的传统秧歌会，如今的小红门地秧歌正在不断地传承与发展，推陈出新、与时俱进，让“老传统”变身“新流行”。到目前为止，地秧歌的演出从未中断，是北京市保护最完整的传统秧歌花会。小红门地秧歌以“歌、舞、乐”三位一体著称，但目前唱的部分已经基本失传。在64套表演项目中，只有22套项目保留了下来。《水浒传》中的《三打祝家庄》为主要表演内容，每个角色各司其职，精彩纷呈，民俗气息浓厚。

作为非遗传承人的赵凤岭从学徒的时候开始，早就把师傅的言传身教记录下来，让地秧歌的规矩、礼法及秧歌词等，从口传心授的内容，变成了能够传承下去的文字资料。

秘境打卡 去东岳庙观赏一下幡鼓齐动十三档有关地秧歌的表演内容。

小红门地秧歌（赵凤岭供图）

姚雪松老师带您解锁京城密码

小红门秧歌，独树一帜锣鼓兼唱跳。朝阳区非遗，
自带节奏九腔十八调。

我的打卡

六级大风都刮不跑的哈氏风筝

小风筝，
飞出国门创奇迹
大朝阳，
民间传承老技艺

什么风筝六级大风都刮不跑？神了！这就是哈氏风筝。

您绝对想不到，用竹子和面料制作的一个长度约为 3 米的瘦版沙燕风筝，居然能在六级大风中，随风起舞，展翅翱翔。下面就是一个关于哈氏风筝的故事。

1983 年，哈亦琦去美国参加了国际风筝大会，用在当地购买的竹子和从北京带去的面料，现场扎了一个近 3 米大的沙燕风筝。正赶上六级大风，在人都无法站稳的情况下，他的风筝在天上飞了 15 分钟。哈亦琦骄傲地回忆说，他扎的风筝稳稳地随风而起，在空中展翅翱翔，在国际舞台上展示了哈氏风筝的风情。由此他也获得了本届风筝大会的特别奖。哈亦琦获奖之后，记者全给他围住了。哈亦琦骄傲地说起了这个来自中国的风筝！

风筝可谓是中国第五大发明，起源于春秋时期，距今已经有2000多年的历史了。相传，最早的风筝先是墨子用木头制作的木鸟，后来鲁班用竹子，改进了墨子做风筝的材质，再后来蔡伦发明了造纸术以后，民间开始用纸做风筝，所以那个时候的风筝又叫纸鸢。

在古代，放风筝是为了去晦气。放风筝的时间一般选择春节到农历三月，也就是春暖花开的季节。

老北京流传着这么一句话："进北京逛厂甸儿，玻璃琉璃大沙燕儿。"这里说的"大沙燕儿"指的就是哈氏风筝。

哈氏风筝是北京风筝的重要流派之一，它起源于清朝末年，到现在已经有160多年的历史了。作为国家级非物质文化遗产"风筝哈"的第四代传承人，哈亦琦10岁的时候就跟着父亲学习家传的风筝技艺了。

后来到了20世纪60年代以后，随着社会的变化，民俗观念也在变，我们的风筝变了，不光是放飞，也变成了一种装饰。人们把风筝作为工艺品放在镜框里挂在墙上。

哈亦琦的手中保存了父亲完整的手稿，而且进行了仔细的整理，以便后人研究。哈亦琦还参与出版了很多相关书籍，希望更多的人了解并喜爱哈氏风筝。他正在努力将哈氏一族的风筝文化记录下来，让这份珍贵的文化遗产留给后人。

秘境打卡

寻找哈氏风筝的踪迹，尝试亲手制作一个属于自己的风筝。

北京风筝哈制作技艺代表性传承人哈亦琦

姚雪松老师带您解锁京城密码

哈氏风筝，京派沙燕飞天传奇。赓续传承，朝阳百年民间非遗。

我的打卡

后宫女人梦寐以求的首饰——点翠

精华羽丝，
点出美饰化石
绝美点翠，
传承一份坚持

点翠工艺是一门古老的技艺，最早出现于春秋战国时期，距今已有 2000 多年的历史。点翠文化流传已久，最早关于点翠的文字记载是《周礼》，其中形容周文王的服饰时说他头戴羽冠，衣饰翡翠（即点翠）。很多文学作品中也出现了点翠，如唐代诗人白居易在《长恨歌》里写道：“花钿委地无人收，翠翘金雀玉搔头。”这里的“翠”就是指翠鸟长羽。

如今，30 多岁的肖玉妹是“肖氏点翠”的第三代传承人。肖玉妹的爷爷肖志峰 1960 年主持修复明定陵出土的四顶凤冠，肖玉妹的父亲肖广春继承了肖志峰的点翠手艺。17 岁时的她就跟随父亲学点翠，目前也正在从事这项工作。

采访中我们问肖玉妹翠鸟羽毛和其他禽类羽毛有什么不同

时，肖玉妹轻轻拿起一片翠羽，放在灯下，介绍道：“翠羽的颜色是活的，在不同强弱的光线下呈现出从绿到蓝之间的色泽变化，这种色泽不会因年代久远而失色，这是其他禽类羽毛不具备的优点。”她还说：“更重要的是翠羽代表了中华传统文化的含义。”

古人说的“翡翠”的“翠”，通常都是指翠羽。东汉文字学家许慎编著的《说文解字》里提到，“翡”指赤羽雀、“翠”指青羽雀。翠为青色，在中国的五行学说中，青色代表东方，是最高贵的颜色，也是权力和身份的象征。因此，点翠也被称为皇家工艺，只有皇室贵族才有资格使用。

同时，点翠根源于人类的“羽饰”文化，这是同人类社会相伴相生，具有社会等级色彩的服饰文化。

肖玉妹介绍，一个完整的点翠，主要分为“熟翠、定翠、选翠、铡翠、裱翠、点翠、阴干”7个步骤。即便是技艺娴熟的老艺人，完成一个巴掌大小的点翠作品，也需要耗费一整天的时间。

如何将点翠工艺延续下去，是目前最大的难题。因为翠鸟已经成为国家保护动物，不能再进行取毛。

对此，非遗传承人也正在从“守正”走向“创新”。他们开始用染色的鹅毛、孔雀羽毛、鸽子毛等来替代翠鸟的羽毛，让点翠工艺继续传承发扬光大的同时，也让翠鸟能够在大自然中自由生活。

为了让更多人了解点翠，作为非遗传承人肖玉妹接下来打算写一本书，专门介绍点翠技艺和人类羽饰文化的关系。至于手中留存的翠羽和相关制品，她希望能利用作为传承人所拥有的手工技艺用于文物的修复，让更多人认识并了解这项非遗技艺。

秘境打卡

去博物馆寻找点翠文物样品，感受点翠的魅力。

点翠文物样品

姚雪松老师带您解锁京城密码

肖氏点翠，点宫廷凤冠精粹。朝阳非遗，传世间高超技艺。

我的打卡

专为清朝皇家制作弓箭的“兵工厂”

聚元号弓箭，
古时攻城掠寨
老技艺非遗，
划出时代弧线

在传统的冷兵器中，弓箭有着极为悠久的历史，上古神话中就有后羿射日的传说，先民很早就发明了弓箭，而弓箭千百年来一直都是最为重要的武器，即便是明清时期火器已经开始流行，弓箭依旧是军队的重要装备之一。

今天的东四十条路口西南角，在历史上曾经是一座弓箭大院。这个弓箭大院在明代就已建立，拥有 40 多家制作、经营弓箭的店铺，生意十分兴隆。弓箭大院内部由横 3 条、竖 3 条胡同构成，形成棋盘式建筑格局。随着火药的发明、枪炮的使用，弓箭等冷兵器逐渐失宠。到了清代，弓箭大院的店铺还剩“聚元”“天元”“广生”“隆生”“全顺斋”“天顺成”“德纪兴”等 17 家弓箭铺。这 17 家弓箭铺都是皇家御用兵工厂，隶属朝廷造币处管理，制作出来的弓箭均上缴兵部、礼部、户部等，不得私自对外出售。

聚元号被称作是中国最后一家老字号弓箭铺，从创立至今已经有 300 多年的历史了。如今聚元号仍然引领着传统弓箭行业的传承与发展。

聚元号第十代传承人杨福喜介绍说：“我们对于弓箭的质量和品相的要求都很高，因此从用料到制法上，必须要严格精细。从竹胎、牛筋等原料上就有不少的要求，而整体的制法分为制弓胎、下望把、勒牛角、铺牛筋、爬板凳 5 大步骤。可在这些步骤中，又有大量的细节必须要谨慎处理，实际划分下来，需要有 200 多道步骤才能做好一套成品。”

聚元号复杂、严谨的工序是代代相传的，并不能够被工业化流水线作业所取代，恰如其分地符合非物质文化遗产中对于传统手工艺的定义。

我们相信，作为中国弓箭的代表，曾经在巴拿马万国博览会上荣获奖项的聚元号弓箭，将会射出更迷人的弧线，刻画出古老的精彩。

秘境打卡 亲身体验一下聚元号弓箭制作技艺，尝试一下射箭运动。

东四十条

聚元号第十代传承人杨福喜

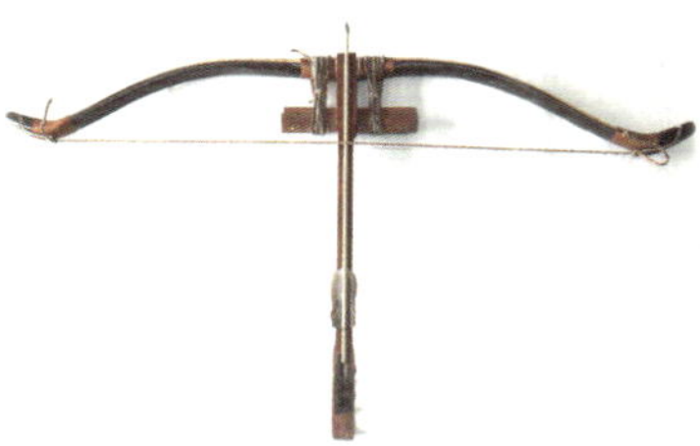

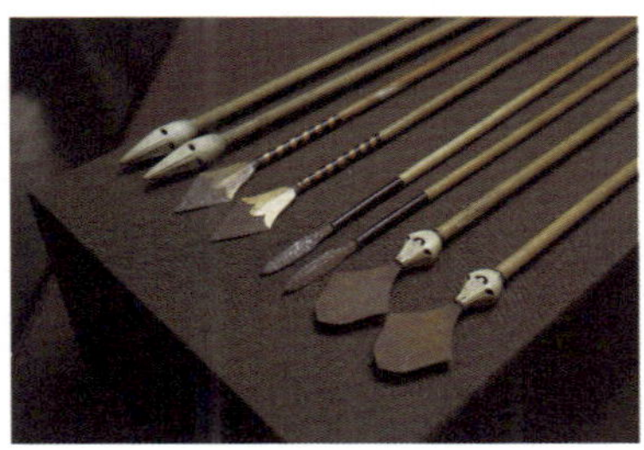

聚元号弓箭

姚雪松老师带您解锁京城密码

北京聚元号，传自清代兵部工坊。朝阳手艺人，
承袭千年弓箭制法。

我的打卡

京城四大名医之孔伯华

望闻问切，
诊疗世代相传
孔氏中医，
中华宝贵遗产

孔令誉是北京四大名医之一孔伯华先生的嫡孙，也是孔伯华中医世家非物质文化遗产代表性传承人。提起自己的爷爷，孔令誉不禁回忆起了他四岁的时候：“一个白胡子老头很和蔼，拄着一个拐棍，当时我排行最小，每当爷爷出完诊回来，总是会给我带一个小玩具。”

从牙牙学语时孔令誉就开始背《汤头歌》，爷爷就是他的中医启蒙老师。上了小学以后，一到周末孔令誉就会跟着父亲出诊，建立起他对中医最早的认知。

后来，孔令誉上山下乡返回北京之后，在工作之余开始系统地学习中医，从此继承了祖辈的衣钵。

说起“孔氏中医”的特点，孔令誉说出了它的独特之处：

“我祖父对于温热病有独特的见解，所以他才提出大量使用石膏，用药偏寒凉且注重养阴与化湿，更因善用石膏被尊为石膏孔。”

1929 年，汪精卫伪政府意欲取缔中医，孔伯华便联络同道，奔走呼吁，被推举为联合会主席到南京请愿谈判，终于使汪伪反动当局取消了前议，并被迫同意成立国医馆。同年，孔伯华与萧龙友共创中国第一所医学高等学校“北京国医学院”，邀请各地名医并肩作战，辛苦操劳，在沉重的时局下培养出了大批的下一代中医人才，这些学生也都是成绩卓著的栋梁之材，在其后中医元气大伤的情况之下，承担起了继承和发展中医的重任。医馆每日前十个挂号名额免费留给早起排队的穷苦人，病人有困难，他就在方子上做记号，药费记到自己账上。

新中国成立后，孔伯华因医术高超，名列中国四大名医之一，更因高风亮节，备受各界人士尊重。更令后人感慨的是，孔老信守家无恒产之道，连一座房子也没给后人留下。1955 年孔伯华逝世，周恩来总理亲任治丧委员会主任，并亲临他的寓所吊唁：“孔伯华名气这么大，没想到日子却过得这么清苦。”

2021 年，孔伯华中医世家医术，中医诊疗法，入选第五批国家级非物质文化遗产代表性项目名录，孔氏中医诊疗法得到了很好的保护与传承。

秘境打卡

打卡北京四大名医故居旧址，寻访孔伯华先生学习、工作的历史足迹，感受中华传统中医文化传承。

孔伯华先生嫡孙——孔令誉

姚雪松老师带您解锁京城密码

京城名医，孔令誉“千方百剂”。祖传医学，为众生祛病救急。

我的打卡

第三部分

经济篇

古今朝阳，经济腾飞

一百年前的外馆斜街，是从北京通往蒙古高原和俄罗斯的“近代丝绸之路”的起点。在这条“一带一路”上，几乎所有的沿线重镇，都有“京帮”分号集结而成的“北京商店”。

正是这条由朝阳区起始的国际商业要冲，拉开了朝阳作为北京经济通道的序幕！

虽然“通道”一词在不同的历史时期诠释的内容各异，但近千年来，朝阳区助力首都发展的性格底色，从不曾改变。

新中国成立之初，有着京畿小平原之称的朝阳区，肩负着北京粮食、蔬菜、肉蛋等农副产品的供给任务。直到 20 世纪 90 年代，北京人餐桌上五分之一的农副产品，全部来自朝阳区这条农业经济通道。

而到了 1958 年，当“朝阳区”三个字正式载入史册时，60 多家工厂如雨后春笋般在双井、垡头、八里庄、酒仙桥等地区迅速集结，上演了一场纺织、电子、汽车、化工、机械五大工业基地齐聚朝阳的大戏。

进入 20 世纪 80 年代，随着三大使馆区在朝阳全员落户，秀水街和雅宝路打造的国际贸易奇迹，不仅带火了周边的商圈，也打开了现代北京国际贸易通道的 1.0 版本。

21 世纪，一片高楼在 CBD 拔地而起，朝阳区按下了“国际经贸通道”2.0 版本的快捷键。截至 2019 年，有 238 家世界 500 强企业，89 家跨国公司地区总部，129 家国际金融机构和 4 217 家国家高新技术企业落地朝阳区，在 2020 年 5 月发布的《全球商务区吸引力报告》中，北京 CBD 在世界商务中心区总排名跃居全球第七、亚洲第二，稳居全国第一。

东坝开挂的未来

郑村坝转运，
朱棣北京定都
朝阳区未来，
东坝呼之欲出

东坝自古就是一个转运的地方。作为坝河七坝之一的郑村坝，当年燕王朱棣要是在这打不赢郑村坝之战，就不会当上大明皇帝，也不会决定迁都北京，更不会有北京成为首都的各种后来之事，当然也就没有您现在手中的这本书了。还有，东坝本身就有大运河的基因代码，粮食到了这里，是要通过转运才能到下一个坝口，天天转运，这运气能差得了吗？

这次，朝阳区把金盏南区和东坝北区合并为金盏国际合作服务区。这意味着，朝阳区未来的大部分资源和重点，都将倾斜到东坝。那东坝的优势在哪呢？

在金盏国际合作服务区的规划图中，我们可以看到共有 6 条地铁线路途经：12 号线、3 号线、R4 号线及规划中的平谷线、

L4 号线和 M101 号线。其中 12 号线预计在 2023 年年底通车。

远期规划中的平谷线、L4 号线、M101 号线分别通向平谷、望京及副中心，可见东坝板块在北京东部发展中处于一个相当重要的位置。

而且这一次，朝阳区是把这些年积累的经验，如 CBD 的良性引资服务，文创产业的成功模型，望京的快速发展经验，使馆区的周边配套建设，中关村朝阳园的科技产能等都要汇集到这里。

未来，东坝将会是北京最现代化、国际化、高水平绿化的黄金街区。

秘境打卡 探索城市发展新脉络，去东坝“转运”。

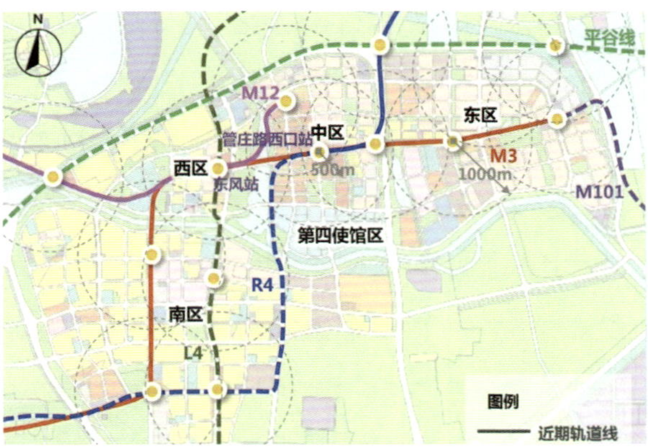

金盏国际合作服务区规划图

姚雪松老师带您解锁京城密码

转运了！转运了！古坝河转运，新东坝运来！

我的打卡

黑庄户的“小金鱼”游向世界

北京朝阳，
金鱼之乡
中国金鱼，
游向世界

黑庄户乡在清代曾叫“黑庄窝”，20世纪50年代才改成了今天的这个名字。但是真正让这里声名鹊起的是因为一条小金鱼！

金鱼可是咱们中国的“国鱼”，有着东方圣鱼之美称。早在三国至东晋年间，人们就已发现在自然水域中有一些红黄色的变异鲫鱼，那个时候人们把这些鱼叫“赤鳞鱼”。

在唐代，各地兴建了“放生池”，稀有而神秘的金色鲫鱼，就作为超度的对象被放生于此，这也是金色鲫鱼家化的基础。

一直到清代，民间掀起了饲养金鱼的热潮，饲养容器也得到了进一步发展，出现了玻璃缸等透明养鱼器皿，晶莹剔透、情趣盎然。

老北京人有着养金鱼的传统习俗，有事没事都爱去天坛公园北边的金鱼池去逛一逛。新中国成立之后，金鱼养殖再次迎来黄金期，国内外对观赏鱼的需求猛增。黑庄户乡看到了这个商机，果断地开始试养金鱼，没承想，居然大获成功。

李春生是清代宫廷贡鱼第八代传承人。早在 20 世纪 80 年代，他手里的金鱼品种就有 90 多个，独家品种就有五六个。

当时黑庄户乡里养金鱼的一般家庭都还买不起砖，但是为了养金鱼，乡里的村民都去拣半头砖，码个池子铺块塑料布，在院里边养点儿，地方大了就多盖点儿池子，几乎是家家户户都养金鱼。就连六七十岁的老人，都去帮忙捞个鱼虫。一时间，黑庄户乡的金鱼几乎独霸北京 90% 的市场份额。

当年，黑庄户最兴旺的时候可是全国金鱼养殖的佼佼者，黑庄户金鱼的养殖规模达到 5 000 亩以上，而那时候在全国其他地方，最大养殖规模也没有超过 3 000 亩，平均每年直接出口创汇就达到 200 多万美元，金鱼让黑庄户乡迸发出了金色的光芒。

据了解，黑庄户观赏鱼交易中心现有专业养殖户近百家，从养殖到销售再到包装发货，已经形成了一条成熟的产业链，成为我国金鱼批发零售的重要基地。这里的金鱼已经远销到英国、美国、法国、意大利、比利时、俄罗斯、日本等十几个国家和地区。

小小金鱼，让“金鱼之乡”游出了中国，游向世界！

秘境打卡

逛一逛黑庄户观赏鱼交易中心，养一条来自“金鱼之乡”的小金鱼。

黑庄户金鱼养殖场（张海渤供图）

黑庄户养殖的兰寿金鱼（张海渤供图）

姚雪松老师带您解锁京城密码

你知道黑庄户吗？你养过金鱼吗？我在北京竟然见到了宫廷贡鱼的真传弟子！就是年代最红火的时候拥有 90 多个金鱼品种的那个人！真可谓，小金鱼畅游世界！

我的打卡

包豪斯建筑博物馆——798 艺术区

神秘 7 字头，
祖国电子摇篮
德国包豪斯，
现代艺术反转

在这里您不仅可以看到各种风格的艺术作品，还能欣赏到朴素而又原始的工业美感。而这些红砖厂房是世界上少有的包豪斯建筑群！这里就是全球最具文化标志性的城市艺术中心——798 艺术区。

但是很少有人知道，798 作为老工业区，曾经还是我国保密级别最高的工厂之一。

我国在新中国成立初期，对重工业和电子工业的建设特别重视。国家直接向建设 798 及相关项目拨款 1.5 亿元，由东德专家设计、援建的。

1957 年 10 月 5 日，“国营华北无线电器材联合厂”代号 718 厂，正式建成。工厂建成后发生了翻天覆地的变化。工人们在这片土地上秘密地进行着自新中国成立以来，我国最大规模的军用物品的生产。中国第一颗原子弹的很多关键元件就是在这个工厂生产的。

因为军工企业、保密工厂的背景，工厂不是谁想进就能进来的，进厂工作的人都要历经严格的政审和背景调查。718厂的开工生产标志着我国终于有了自己的电子元件工业，规模是当时亚洲最大的。到了1964年，718联合厂分为比较独立的6个军工代号厂，798厂为其中之一。

到了20世纪90年代，由于社会发展的需要，这些工厂陆续迁走了，遗留下具有包豪斯风格的工业厂房展现出独特的艺术气质，吸引了不少艺术家的目光，废弃厂址向艺术区的转变也就这样开始了。从2002年开始，由于租金低廉，诸多艺术家工作室和当代艺术机构开始聚集于798，逐渐形成了一个艺术群落。

渐渐地，越来越多的艺术家聚集，使798艺术区成为北京市的首批文化创意产业集聚地。同时，也在各界艺术家和各相关机构的共同努力下，成为中国艺术的新标志和新的文化艺术窗口。

作为曾经的北京市五大工业基地所在地，朝阳区保留了历史的精华，以温暖的方式改造，这也才有了今天的798、才有了郎园等60多家老旧工业厂房转型升级改造为文创产业园区。曾经见证我国近现代工业文明和城市进程的发展的老厂房，如今正焕发新生，承载着中国现代工业遗产的巨大文化价值迈向下一个征程。

秘境打卡 文艺打卡 798 艺术区，找一找园区里的标志性建筑与文创活动。别忘了拍下美美的照片！

798 艺术区（七星集团供图）

751 火车餐厅（七星集团供图）

姚雪松老师带您解锁京城密码

神秘 7 字头，祖国电子摇篮。德国包豪斯，现代艺术反转。

我的打卡

京城文化新名片——黑庄户音乐产业园

黑庄户，
集合音乐全体验
朝阳区，
打造文化新名片

2020 年 10 月 9 日，黑庄户北京音乐产业园完成了从旧厂房到音乐产业园的蜕变，正式开园了。这是北京唯一专门从事音乐产业的园区，是目前北京市最大的一个音乐主题专业园区。

漫步在色彩绚丽的园区内，体验不一样的音响试听馆、影音产品展示区、传新科技体验馆、泽森音响馆、耳机 / 便携 Hi-Fi（高保真）馆和一个露天汽车音响体验广场，感受这里超过 1.2 万平方米的总面积，观看汇集全球 100 多个顶级音响品牌展出和欣赏 19 间高保真试听室精彩放送。音乐发烧友们漫步其中，近距离体验多声道沉浸式影音、黑胶唱片，尽情免费欣赏东西方音乐演出，全视角地与自己钟爱的顶级音响“亲密约会”。

北京音乐产业园是由黑庄户乡原双桥汽车配件厂、齿轮厂、柴油机厂、压铸厂及汽摩厂等乡镇企业老旧厂房改造而来的。经过重新设计打磨的厂房文艺感、复古范儿十足，在保留了珍贵工业文化记忆的同时，也为北京打造“音乐城市”提供了重要的空间承载。

未来，园区将致力于把国际音响展、黑庄户音乐节逐步打造成为助推音乐产业高质量发展的标杆品牌活动，为首都的全国文化中心建设增加新的动人音符。

秘境打卡 前往黑庄户音乐节，游览音乐产业园，与顶级音响来个“亲密约会”。

黑庄户音乐产业园

北京国际电影节——
第 28 届大学生电影节

姚雪松老师带您解锁京城密码

没想到，工业厂房摇身一变成了音响发烧友的打卡地！来黑庄户，一起燃起来吧！

我的打卡

打卡朝阳区规划艺术馆，发现朝阳新地标

走遍朝阳，
何须四处乱转
只需一站，
给您全新体验

节日期间去哪里玩？让我来为您推荐一个小清新打卡地——朝阳规划艺术馆，绝对值得一来。

朝阳规划艺术馆前身为北京市燕山燃气用具厂。三座老厂房的工业遗存在建设朝阳公园北园时被保留下来。2008 年北京奥运会期间，作为奥运会沙滩排球主赛场的附属用房使用。奥运会结束后被改造为朝阳规划艺术馆。设计师在改造设计延续原有老厂房空间格局的同时，注入创意元素，通过加盖形似祥云的低辐射玻璃屋顶，巧妙地将三座老厂房连接为一个整体，改造中特别注意保护原来工业建筑的历史风貌。

馆内体型庞大的牛头骨化石非常罕见，据考古专家分析，这个牛骨化石来自史前时代。据说这件镇馆之宝是 2005 年在

中央电视台新大楼建筑工地的西北侧地下约 17 米的土层中发现的。

在北京工作和生活，朝阳门作为一个地名，大家是再熟悉不过了，很多人每天上班下班都会路过。但是朝阳门作为一个城门，它长什么样子，恐怕没有人记得，更少有人见过。朝阳规划馆就有这么一个朝阳门的微缩景观，重现了当年朝阳门作为一个城门的样子。我们都知道四九城里，九门走九车。朝阳门走粮车，在这座朝阳门城楼的门洞里面有一枚金色的麦穗格外醒目。

近年来，朝阳规划艺术馆创新运营模式，创造性地将公益性规划展览与自主策划文创活动相结合，通过融入科技和绿色理念，成为朝阳区区情、规划与成就的宣传教育展示窗口、国际文化艺术交流平台、富有朝阳特色的科技与文化融合的创新示范基地。

秘境打卡 游览朝阳规划艺术馆，找找镇馆之宝，谈一谈您对朝阳区的美好畅想。

朝阳区规划艺术馆（张海渤供图）

姚雪松老师带您解锁京城密码

从工业遗产到数字展厅，朝阳规划艺术馆用最新科技讲述北京故事。

我的打卡

国际化社区麦子店的世界交流之窗

北京朝阳区，
世界交流窗口
朝阳麦子店，
汇聚四海朋友

在过去，地名里的“店”一般有两种含义：一个是村落的意思；另一个就是指乡村小店。麦子店曾经就是盛产小麦的村庄。

新中国成立前的麦子店是一片农田、菜地，还分布着很多的砖瓦窑和琉璃窑厂，人口只有 1 000 人左右，除了田地就是土路，晴天尘土飞扬，雨天泥水横流。

1958 年，农业展览馆和地质仪器厂建在了麦子店，之后相继落成的第三印染厂、医疗器械厂、煤气用具厂、东风制药厂等，为麦子店带来了从农业向工业转型的历史机遇。

进入 20 世纪 80 年代，随着改革开放的不断深入，我国在世界上的影响力不断扩大，对外交往日益增多，麦子店成了第三使馆区的首选之地。如今，麦子店装下了 15 个国家的大使馆。

第三使馆区让麦子店从曾经荒杂的城乡接合部，一下进入了国际化社区发展的快车道。麦子店街道的外籍人员也越来越多，占了地区常住人口的12%，逢年过节的时候，中外居民一起过大年、过端午、闹元宵、聚中秋，已经成了麦子店地区的一大特色。在麦子店，如果听到有老外对您说一口流利的中文，请不要感到意外，因为他们早把这里当成了自己的家。

可以说，短短几十年，麦子店把世界的窗口开在了自己的屋檐下，麦子店村变成了地球村，麦子店也变成了世界店。

秘境打卡 去麦子店逛一逛，感受国际化社区的潮流氛围。

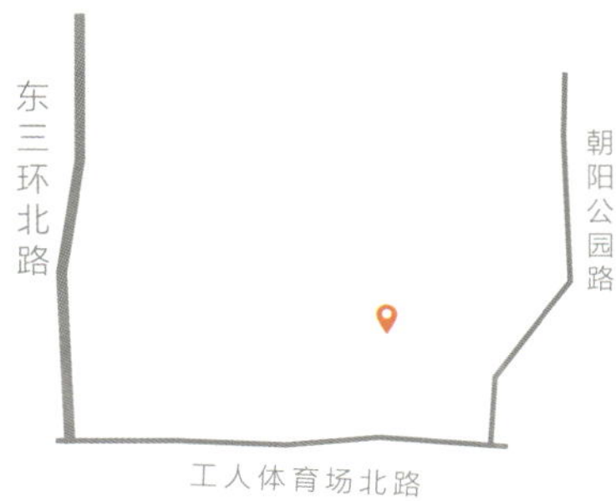

麦子店（张海渤供图）

阿根廷大使馆

姚雪松老师带您解锁京城密码

北京朝阳区，世界交流窗口。朝阳麦子店，汇聚四海朋友。

我的打卡

大国之门——建外大街

朝阳建外，
使馆带来机遇
首都窗口，
释放无限魅力

说到建外大街，肯定要从建国门说起。可是有人说，从来就没见过建国门长什么样，这是真的吗？老北京又叫四九城，分别是指四个皇城门及九个内城门，从中可以确定老北京城从来就没有建国门。

从老北京的地图上来看，原来这里确实是没有城门，这里一直是北京内城的一段老城墙。1939 年日本侵略者占领北平之后，在今天建国门和复兴门的地方各拆了一段城墙，形成了东西两个豁口。直到 1945 年抗战胜利，老百姓才给它起了“建国门”的名字，于是也就成了北京城一座没有城门的“城门”。

如今的建外大街，西起建国门桥，东到国贸桥，周围是一派繁忙的景象。然而，新中国成立之前，建外大街只是一条沙土路。直到 1955 年，这里才被正式命名为建国门外大街。

也正是在这一年，因为一个重要的契机，使这条沙土路初具了如今的模样，也赋予了建国门“大国之门”的含义。

1955 年，与新中国建交的国家不断增加，传统上作为使馆区的东郊民巷，已经承载不下如此多的外国使馆。于是建国门外齐家园附近，也就是今天的第一使馆区，成了最佳的选择。经过两年的建设，1957 年，建外使馆区落成了，主要聚集了一批较早与中国建交的国家及亚、非、拉和部分欧洲国家的使馆，包括朝鲜、新西兰、埃及、阿尔巴尼亚、芬兰、英国、印度、越南、蒙古以及奥地利大使馆等。使馆群落采用的是俄式建筑风格，庄严整洁，大门口有卫兵守卫，高高的围墙上还装饰有该国的国徽、国花、国旗等标志。直到现在，使馆区也是建外地区一道亮丽的风景线。

使馆区一落成，就成了北京最早的商业中心之一，也诞生了很多北京乃至全国第一。

1964 年，新中国第一家涉外商店——北京友谊商店落成。

1982 年，中国第一家合资酒店——建国饭店，在建外开业。

1985 年，北京第一座对外出租的办公大厦——国际大厦，对外营业。

1985 年，中国第一个涉外自由市场——秀水街，在建外开业。

1989 年，北京第一座外销高端商品房——华侨村，在建外开盘。

1990 年，中国第一个 CBD 中心——国贸一期工程，在建外竣工。

我们从这些时间点梳理变化，看到了几十年当中，中国对外开放的一个缩影。今天的建外更像是一扇向世界敞开的窗，跟北京一起迎接每一天的第一缕朝阳。

秘境打卡

找到最佳拍摄机位，拍下属于建外大街的繁华。

建外大街（梁宏伟供图）

姚雪松老师带您解锁京城密码

北京这条街，竟然诞生了很多个全国第一！

我的打卡

朝阳区装下了全世界

北京朝阳，
自古涉外口岸
大国外交，
首都实力展现

99% 的外国大使馆都在朝阳区，您知道为什么吗？

新中国成立后，与中国建交的国家越来越多，传统上的外交使馆聚集地东交民巷的容量有限，渐渐捉襟见肘，只能再择新址。

当时北京的西部和北部地区是军政机构密集区，把使馆安置在军机要害部门旁边会有所顾虑。南城地区工厂太多，自然环境受限。

这就只剩下东边的朝阳区了。

但是，不要以为这是无奈之举，其实早在几百年前，朝阳区就是一个重要的外交通道。

史料记载，在明清的时候，来自朝鲜的朝觐使团到达通州后，就是走陆路由朝阳进的北京城，他们短暂休息和换朝服的地方就是在东岳庙。明朝时，意大利著名传教士、学者利玛窦两次进皇城走的也是朝阳区。

1949 年 10 月，新中国成立后，周恩来总理兼首任外交部长，将外交部选址于朝阳门外交部街 33 号。1966 年初，外交部搬迁到东交民巷。1970 年，外交部又迁往东四，1998 年，再迁至朝阳门外现址。

1959 年，建国门外的第一使馆区建成以后，三里屯周边的第二使馆区也于 1960 年启动开发。20 世纪 80 年代后开始建设第三使馆区。从 2020 年开始，东坝正在紧锣密鼓地建设第四使馆区。目前，除了俄罗斯大使馆之外的所有大使馆全部都聚在了朝阳区。

使馆区的建立，产生了一个聚集效应，使得众多的涉外宾馆、涉外酒店及外交公寓都聚集在了这里。与此同时，联合国办事机构、国际足联的办事处也都设在朝阳区。这里有 90% 以上的各国驻京新闻机构以及 60% 以上的海外企业代表机构，世界 500 强入驻北京的 158 家企业中，有三分之二落户朝阳。毫不夸张地说，朝阳区装下了全世界。

秘境打卡

您知道朝阳区有多少个外国驻华使馆和国际组织驻华机构吗?

外交部之秋（杜辉煌供图）

姚雪松老师带您解锁京城密码

真相！北京朝阳区装了下"全世界"？背后的原因竟然是……

我的打卡

这里是北京 CBD 核心区

北京 CBD 打开了世界之窗
朝阳国际化承载无限希望

以东三环的国贸桥为中心的一片区域就是中国著名的商务中心——北京 CBD，然而 30 多年之前，这里还是北京工业的“铁十字”。

当年，以现在的国贸桥为中心，西北角是北京金属结构厂和北京开关厂，西南角是北京第一机床厂，东南角是航天集团的用地，东北角有北京汽车制造厂和北京仪器厂。

老北京能够叫得出名号的工厂几乎全都聚集在这里。白天，这里机器轰鸣，工人们进进出出。傍晚，穿着蓝色中山装的自行车大军四散开去，这里又重归寂静。

日复一日当中，中国第一台大型龙门铣床、中国首辆独立自主研发的小轿车等工业成果，都是在这里诞生的。“铁十字”因此而得名。有老北京人回忆，当年这里虽然没有一座超过十层的楼，高耸的烟囱倒是有十几根。

后来，北京当时最高的一座建筑的出现改变了这个格局。

1990 年，一座高达 155 米的地标式建筑——国贸一期横空出世。在这一年，它的对外运营也打开了中国面向世界的窗口；1999 年，国贸二期落成使用；2010 年，国贸三期 A 区开业运营；2017 年，又迎来国贸三期 B 区的投入运营。

几十年来改革开放浪潮涌动，这片热土折射出中国前所未有的生机与活力。

就这样，经历 30 多年的发展，北京国贸 CBD 从当初的“铁十字”变成了现在的“金十字”。东起东四环路，西至东大桥路，南临通惠河，北接朝阳北路，7 平方公里的 CBD 中心区已经形成了以国际金融为龙头、高端商务为主导、文化传媒聚集的产业格局。CBD 功能区内汇集的外资企业破万家，拥有全市 90% 的金融机构，70% 的跨国企业总部。截至 2020 年年底，CBD 入驻企业超过 15 万家，功能区的税收高达人民币 1 137 亿元，占全市的 8.9%。2020 年发布的《全球商务区吸引力报告》披露，北京 CBD 排名全球第七，亚洲排名第二，中国蝉联第一。

国贸 CBD 是中国改革开放的缩影。这里的一砖一瓦、一街一巷都记录着中国从站起来到富起来再到强起来的历程。

秘境打卡

换一个视角观察城市，品味 CBD，拍摄一张自己中意的北京 CBD。

北京 CBD（CBD 供图）

姚雪松老师带您解锁京城密码

这里是世界排名第七，中国排名第一的 CBD。但是在北京人的眼中，它却是 China Beijing Dabeiyao!

我的打卡